니팅의 완성도를 높이는 시작코 41종과 코막음과 잇기 34종

대바늘 손뜨개의
시작코 & 코막음
핸드북

니시무라 도모코 지음
김한나 옮김
김수산나 감수

Prologue

손뜨개는 세계 각지에서 전통적으로 가정에서 대대로 전수되는 경우가 많은 수작업입니다. 뜨개 작품 하나를 완성하기까지는 시작코 만들기를 비롯해 뜨개코 뜨기, 입체적인 형태 만들기, 무늬 만들기, 코막음, 잇기 등 다양한 기법이 등장합니다.
일반적으로 사용되는 기법이 있는가 하면 지역 고유의 기법이나 특수한 작업을 동반하는 기법도 수두룩합니다.

그러한 수많은 기법 중에서도 시작코와 코막음 기법에는 뜨개질하는 분들이 특히 관심을 보입니다.
시작코와 코막음에는 장식성, 신축성, 내구성 등 의도된 기능이 있는데, 같은 기능이라도 실현하는 기법은 무한하다고 해도 지나치지 않습니다.

이 책에는 제 한정된 세계 속에서 나온 것이기는 하지만 재미있고 편리한 기법, 그리고 무엇보다 기본형을 살짝 변형하는 것만으로 완전히 다르게 변신하는 기법을 담았습니다.
그런 시작코와 코막음 기법을 모아봤습니다.

다 외울 필요는 없습니다.
엄선해서 준비한 내용 중에서 '쓸만하다!'라고 공감하는 기법이 있으면 기쁠 것입니다.
여러분의 뜨개 생활이 조금 더 깊은 정취를 느낄 수 있게 되기를 바랍니다.

니시무라 도모코

Contents

프롤로그　2
이 책의 사용법　6
'슬립 노트' 만들기　10

Part 1 　시작코

시작코 선택을 위한 팁　12

'손가락에 걸어서 만드는' 시작코
롱테일 캐스트 온　16
트위스티드 롱테일 캐스트 온　18
투컬러 롱테일 캐스트 온　20
투컬러 브레이디드 캐스트 온　22
헤링본 캐스트 온　24
트라이컬러 브레이디드 캐스트 온　26
컴바인드 롱테일 캐스트 온　28
레프트핸디드 캐스트 온　30
저먼 트위스티드 캐스트 온　32
펄드 하프 히치 캐스트 온　34
니트 원 펄 원 리브 캐스트 온　36
프린지 캐스트 온　38
피코 리브 캐스트 온　40
채널 아일랜드 캐스트 온　42

'감아코' 계열의 시작코
루프 캐스트 온　44
백워즈 루프 캐스트 온　45
트위스티드 루프 캐스트 온　46
트위스티드 캐스트 온　47

'떠서 만드는' 시작코
더블 체인 캐스트 온　48
니티드 캐스트 온　50
펄드 캐스트 온　51
케이블 캐스트 온　53
펄드 케이블 캐스트 온　54
피코 에지 캐스트 온　56

'용도가 있는' 시작코
크로셰티드 체인 캐스트 온　58
인비저블 캐스트 온　60
이탈리안 튜뷸러 캐스트 온　62
　이탈리안 캐스트 온　62
　튜뷸러 캐스트 온 뜨는 방법　64
아이코드 캐스트 온　66
피코 체인 캐스트 온　68
서큘러 캐스트 온　70
터키시 캐스트 온　72
주디스 매직 캐스트 온　74
피겨 에이트 캐스트 온　76

Part 2 　코막음

코막음, 잇기 선택을 위한 팁　78

대바늘, 코바늘을 사용하는 코막음
스탠더드 바인드 오프　82
크로셰 바인드 오프　84
위드아웃 니팅 바인드 오프　85
디크리스 바인드 오프　86

싱글 크로셰 바인드 오프 87
서스펜디드 바인드 오프 88
스트레치 바인드 오프 90
　스트레치 바인드 오프 포 니트 원 펄 원 리브 92
얀 오버 바인드 오프 94
심플 투컬러 바인드 오프 96
피코 체인 바인드 오프 98
브레이디드 리브 바인드 오프 100
아이슬란딕 바인드 오프 102
러시안 바인드 오프 104
피코 에지 바인드 오프 106
투 로 바인드 오프 108
더블 체인 바인드 오프 110
원 오버 투 바인드 오프 112
아이코드 바인드 오프 114
노티드 니트 투 투게더 바인드 오프 116

돗바늘을 사용하는 코막음
소운 바인드 오프 118
스템 스티치 바인드 오프 119
이탈리안 바인드 오프 120
니트 투 펄 투 리브 바인드 오프 123
튜뷸러 바인드 오프 128
루프 바인드 오프 129

'잇기' 기법
키치너 스티치 온 스토키네트 스티치 130
키치너 스티치 온 리버스
　스토키네트 스티치 132
키치너 스티치 온 가터 스티치 134
스리 니들 바인드 오프 136
재패니스 스리 니들 바인드 오프 137
스리 니들 아이코드 바인드 오프 138
러시안 그래프팅 140

찾아보기 142

Tips
슬립 노트를 가장 먼저 만든다? 17
롱테일 캐스트 온을 느슨하게 만들려면? 19
실 2가닥으로 만드는 롱테일 캐스트 온 21
꼬는 방향, 어느 쪽이 좋을까? 23
헤링본은 1색이든 2색이든 만들 수 있다 25
토대만 실 2가닥을 겹치는 방법 29
어떤 고무뜨기에도 사용할 수 있다 37
2색으로 뜨는 프린지 캐스트 온 39
니티드&펄드 캐스트 온의 요령과 활용법 52
니티드&케이블 캐스트 온을 2색으로 만든다 55
피코의 길이와 간격의 구조—시작코 57
'프로비저널 캐스트 온'을 만드는 방법과
　풀어내는 방법 59
2색으로 만드는 이탈리안 캐스트 온 65
'마지막 코'가 늘어나지 않게 하는 방법 79
피코의 길이와 간격의 구조—코막음 107
2색의 원 오버 투 바인드 오프 113
첫 번째 코가 안뜨기인 1코고무뜨기 코막음 117
뜨개코를 바늘 2개로 나누는 고무뜨기 코막음 126
뜨개코를 막은 뜨개바탕끼리 잇는 방법 130

How to use
이 책의 사용법

이 책에서는 각 기법을 소개하는 페이지에 주요 특징을 아이콘과 레이더 차트로 표시했습니다. 먼저 기법의 특징을 보는 방법과 활용 방법을 확인해보세요.

◎ 페이지 구성

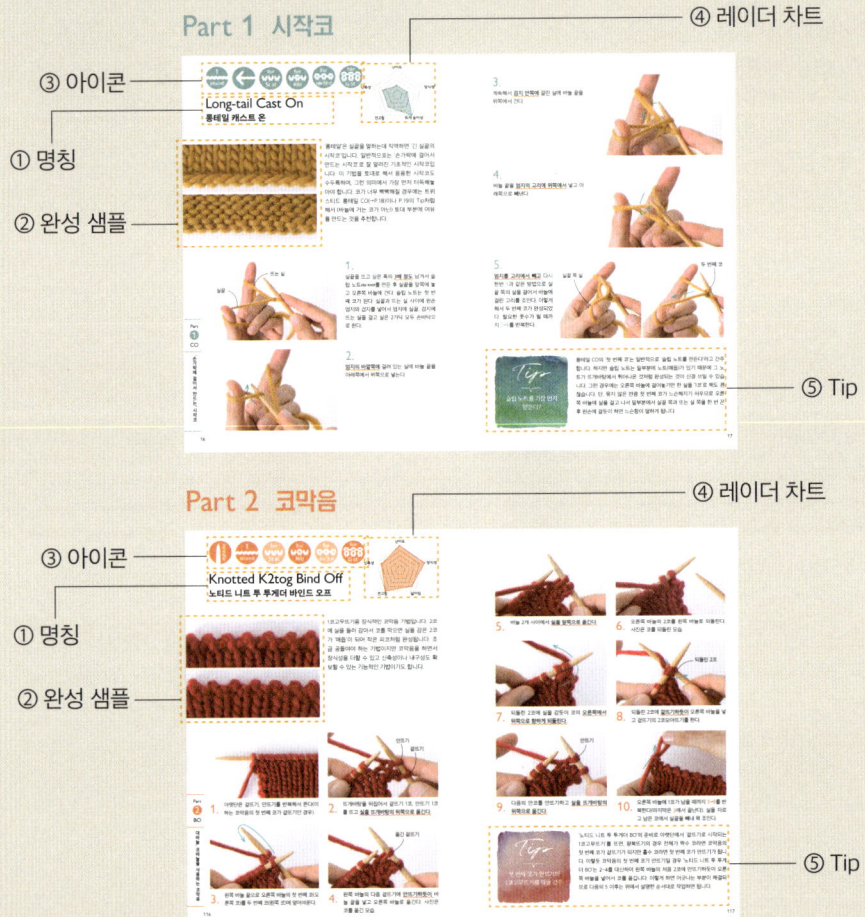

① 명칭 : 영어 명칭을 알파벳과 한글로 표기했습니다.
② 완성 샘플 : 완성된 모습. 위쪽(또는 왼쪽)이 겉면, 아래쪽(또는 오른쪽)이 안면입니다.
③ 아이콘 : 사용하는 실의 가닥수와 바늘의 종류, 적합한 뜨개바탕 등을 표시했습니다(P.7~8 참조).
④ 레이더 차트 : 난도나 신축성 등 다섯 가지 요소로 특징을 표시했습니다(P.7~8 참조).
⑤ Tip : 토막지식이나 응용 버전 등 유용한 추가 정보를 정리했습니다.

◎ 아이콘과 레이더 차트

Part 1 시작코 편

〈아이콘〉

시작코 편의 아이콘은 오른쪽 그림과 같은 3요소로 구성되어 있습니다.

실의 가닥수 　 진행 방향 　 　 　 적합한 뜨개바탕

실의 가닥수

사용하는 실의 가닥수를 나타내는 아이콘이며 위쪽 그림 3종 중 하나가 표시되어 있습니다. 왼쪽부터 1가닥, 2가닥, 3가닥. 실의 가닥수가 늘어나면 시작코가 두껍고 튼튼해지는 경향이 있습니다. 그중에는 여러 색을 사용하는 장식적인 것도 있습니다.

진행 방향

시작코가 생기는 방향을 나타내는 아이콘이며 위쪽 그림 4종 중 하나가 표시되어 있습니다. 왼쪽부터 '오른쪽에서 왼쪽', '왼쪽에서 오른쪽', '중심에서 바깥쪽'(원형뜨기용), '위아래로 균등하게'(겹단뜨기, 주머니 모양의 원통뜨기용). 뜨고 싶은 작품의 모양이나 뜨는 방법에 따라 적합한 방향이 있으므로 방향을 고려해서 선택하는 것을 추천합니다.

적합한 뜨개바탕

시작코에는 특정한 뜨개바탕과 함께 쓰이는 것도 많습니다. 그래서 위쪽 그림의 왼쪽부터 '메리야스뜨기', '고무뜨기', '안메리야스뜨기', '가터뜨기'라는 기본적인 뜨개바탕 4종에 대해 적합/부적합을 표시했습니다. 적합한 것은 진하게, 부적합한 것은 옅게 표시했습니다.

〈레이더 차트〉

시작코 편의 레이더 차트는 오른쪽 그림과 같은 다섯 가지 요소를 각 5단계 평가로 표시했습니다. 평가는 절대적인 것은 아니며 기법을 선택할 때 참고 기준 정도로 활용하세요.

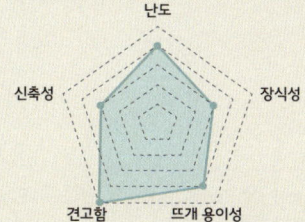

난도 : 포인트가 낮을수록 시작코를 만들기가 쉽습니다.
신축성 : 포인트가 높을수록 신축성이 있습니다. 반대로 잘 늘어나지 않는 시작코를 만들고 싶다면 포인트가 낮은 기법을 추천합니다.
견고함 : 포인트가 높을수록 두께와 실의 밀도가 높고 튼튼한 시작코입니다.
뜨개 용이성 : 시작코의 다음 단을 뜰 때 바늘을 넣기 쉬운 정도입니다. 포인트가 높을수록 뜨개질하기 쉬운 시작코입니다.
장식성 : 겉보기의 장식성을 나타냅니다. 포인트가 높을수록 장식적입니다.

Part 2 코막음 편

〈아이콘〉

코막음 편의 아이콘은 오른쪽 그림과 같은 3종류로 구성되어 있습니다.

사용하는 바늘　실의 가닥수　　　적합한 뜨개바탕

사용하는 바늘

코막음, 잇기 기법에는 대바늘을 사용하는 방법 외에도 코바늘과 돗바늘을 사용하는 방법이 있습니다. 사용하는 바늘을 한눈에 알 수 있게 표시했습니다. 위쪽 그림의 왼쪽부터 '대바늘', '코바늘', '돗바늘'을 뜻합니다.

실의 가닥수

코막음, 잇기 기법은 본체를 뜬 실을 계속 이어서 사용하는 방법이 일반적이며 대부분은 실 1가닥으로 실시합니다. 그러나 그중에는 실 2가닥을 사용해서 튼튼하게 마무리하는 기법이나 코막음 실을 사용하지 않고 빡빡하게 마무리하는 기법도 있습니다. 위쪽 그림의 왼쪽부터 1가닥, 2가닥, 0가닥을 의미합니다.

적합한 뜨개바탕

코막음, 잇기 기법도 특정한 뜨개바탕과 함께 쓰이는 경우가 많습니다. 그래서 위쪽 그림 왼쪽부터 '메리야스뜨기', '고무뜨기', '안메리야스뜨기', '가터뜨기'라는 기본적인 뜨개바탕 4종에 대해 적합/부적합을 표시했습니다. 적합한 것은 진하게, 부적합한 것은 옅게 표시했습니다.

〈레이더 차트〉

코막음 편의 레이더 차트는 오른쪽 그림과 같은 다섯 가지 요소를 각 5단계 평가로 표시했습니다. 시작코와 마찬가지로, 평가는 기법을 선택할 때 참고 기준 정도로 활용하세요.

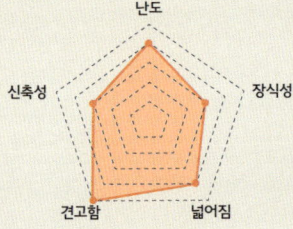

난도 : 포인트가 낮을수록 코막음하기가 쉽습니다.
신축성 : 포인트가 높을수록 신축성이 있습니다. 반대로 잘 늘어나지 않는 코막음, 잇기를 원하는 경우에는 포인트가 낮은 기법을 확인하세요.
견고함 : 포인트가 높을수록 두께와 실의 밀도가 높고 튼튼하게 완성됩니다.
넓어짐 : 코막음은 뜨개코의 밀도가 높아지면 가로 방향으로 넓어져서 가는 바늘을 사용해 뜨개바탕과 균형을 잡아야 하는 경우가 생깁니다. 포인트가 높을수록 넓어지기 쉬우므로 시험 삼아 떠보고 균형을 검토하세요.
장식성 : 겉보기의 장식성을 나타냅니다. 포인트가 높을수록 장식적입니다.

◎ 영어 뜨개 용어와 약어의 의미

이 책에서 기법명과 작업 과정을 설명할 때 등장하는 주요 영어 뜨개 용어와 약어입니다.

약어	영어	의미
BO	Bind Off	코막음
—	Chain	사슬뜨기
CO	Cast On	시작코
—	Crochet	코바늘
—	Grafting	잇기
G st	Garter stitch	가터뜨기
K2tog	Knit 2 together	겉뜨기 2코모아뜨기
K	Knit	겉뜨기
P	Purl	안뜨기
—	Rib	고무뜨기
Rev St st	Reverse Stockinette stitch	안메리야스뜨기
St st	Stockinette stitch	메리야스뜨기
—	Yarn Over	걸기코(바늘비우기)

◎ 기본적인 기법

이 책에서 소개하는 기법에 사용하는 대바늘뜨기의 기본적인 기법입니다.

〈겉뜨기=겉코〉

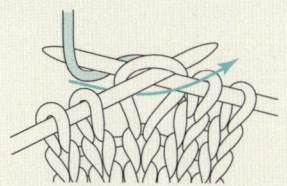

왼쪽 바늘의 코에 오른쪽 바늘을 뜨개바탕 앞쪽에서 넣고 그림과 같이 바늘 끝에 실을 걸어서 앞쪽으로 빼낸다.

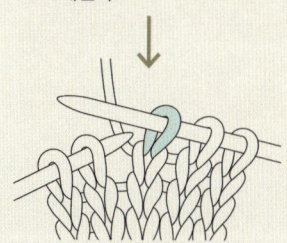

〈안뜨기=안코〉

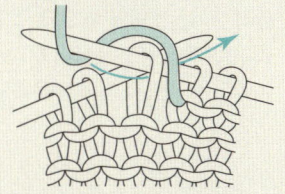

왼쪽 바늘의 코에 오른쪽 바늘을 뜨개바탕 뒤쪽에서 넣고 그림과 같이 바늘 끝에 실을 걸어서 뒤쪽으로 빼낸다.

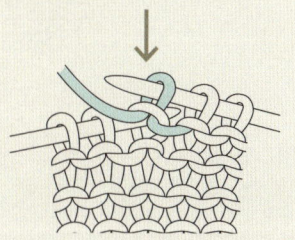

〈겉뜨기 돌려뜨기〉

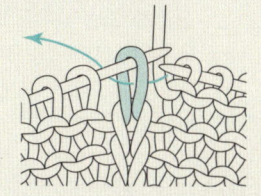

왼쪽 바늘의 코에 오른쪽 바늘을 뜨개바탕 뒤쪽에서 넣고 겉뜨기 할 때와 같은 방법으로 바늘 끝에 실을 걸어서 앞쪽으로 빼낸다.

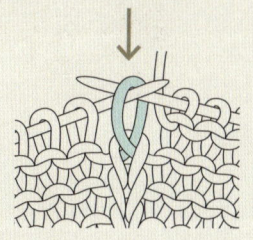

〈걸기코(바늘비우기)〉

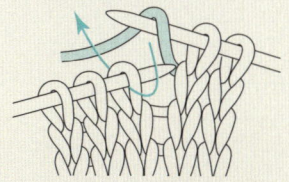

다음 코를 뜨기 전에 오른쪽 바늘 끝에 실을 앞쪽에서 뒤쪽으로 건다. 다음 코를 뜨면 걸었던 실이 코가 되어 1코가 늘어난다.

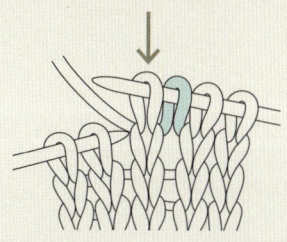

〈걸러뜨기〉

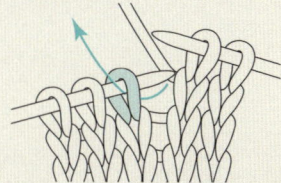

실을 뜨개바탕 뒤쪽에 놓고 왼쪽 바늘의 코에 오른쪽 바늘을 안뜨기하듯이 넣어서 그대로 오른쪽 바늘로 옮긴다.

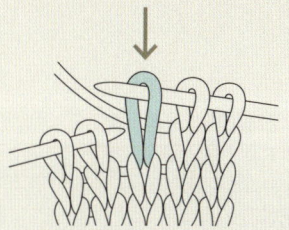

〈걸쳐뜨기〉

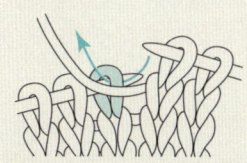

실을 뜨개바탕 앞쪽에 놓고 왼쪽 바늘의 코에 오른쪽 바늘을 안뜨기하듯이 넣어서 그대로 오른쪽 바늘로 옮긴다(앞쪽으로 실이 걸쳐진다).

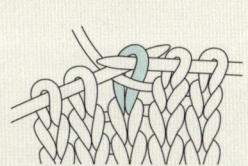

How to make a "Slip Knot"
'슬립 노트' 만들기

'슬립 노트'는 '풀매듭'으로도 불리는 매듭법인데 말 그대로 '잡아당기면 풀리는' 고리로서 수많은 시작코의 첫 번째 코가 됩니다. 만드는 방법이 다양해서 정해진 규칙은 없지만 바늘을 사용해 쉽게 만들 수 있고 실끝의 길이를 마음대로 조절하기 편한 방법을 소개합니다.

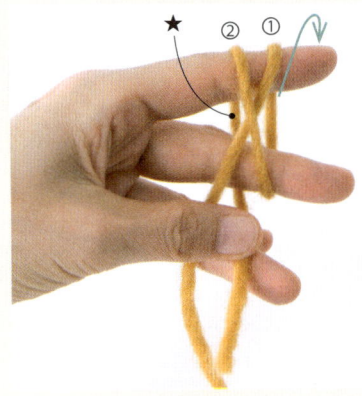

1. 왼손 검지와 중지에 앞쪽에서 뒤쪽으로 실을 두 번 감는다. 두 번째로 감을 때는 첫 번째로 감을 때보다 손가락 아래쪽에 감고 실끝과 타래 쪽 실은 다른 손가락으로 한꺼번에 쥔다. ★부터 실끝까지의 길이는 남게 된다.

2. 오른손으로 대바늘을 쥐고 바늘 끝을 위쪽에서 검지와 중지 뒤쪽에 있는 실 2가닥 사이에 넣은 후 ★을 떠 올린다.

3. 오른손 검지로 ★을 손가락 끝에 고정하고 실끝은 바늘에 붙여서 다른 손가락으로 누른 후 왼손으로 타래 쪽 실을 당겨 조인다.

4. 마지막으로 실끝을 당겨서 바늘에 걸린 고리의 크기를 미세하게 조정한다.

Part 1 시작코

Tips for choosing a Cast On
시작코 선택을 위한 팁

시작코는 패턴에서 지정된 기법이나 자신에게 익숙한 기법을 별생각 없이 쓰기 쉬운데, 새로운 기법을 도입해보면 그전까지의 사소한 스트레스가 사라지기도 하고 응용하는 즐거움을 느낄 수도 있습니다. 다음의 팁을 기준으로 해서 '앞으로 뜰 작품'에 딱 맞는 기법을 찾아보세요.

① 시작코의 모양

시작코는 완성했을 때 뜨개바탕의 가장자리에 언뜻 보일 뿐이지만 그 모양의 차이가 작품 전체의 인상에 의외로 큰 영향을 주기도 합니다. 같은 기법이라도 뜨개바탕과의 조합에 따라 다른 느낌을 줄 수도 있으니 꼭 여러 가지를 시험해보세요.

덧붙여 '겉쪽'과 '안쪽'의 모양 차이도 반드시 확인해야 합니다. 시작코는 기본적으로 만들 때 바라보는 면을 '겉면'으로 하는데 실제로 어느 쪽을 '겉면'으로 할지는 뜨는 사람의 마음에 달렸습니다. 왕복뜨기의 경우 '바라보는 면'을 겉면으로 한다면 시작코 다음 단을 안단으로 하고, '보지 않는 면'을 겉면으로 한다면 시작코 다음 단을 겉단으로 하면 됩니다.

그렇게 생각하면 시작코를 응용하는 방법이 한층 더 폭넓어집니다. 각 기법 페이지에서 소개하는 완성 샘플의 '안면'에도 주목해서 이미지에 알맞은 모양을 찾아보세요.

② 진행 방향

원의 중심에서 뜨기 시작하거나 양말의 발끝 부분처럼 주머니 모양을 바닥부터 뜨기 시작하는 특수한 경우를 제외하면 시작코를 만들었을 때 코가 생기는 방향은 '오른쪽→왼쪽'과 '왼쪽→오른쪽' 두 종류입니다. 진행 방향은 시작코를 만든 후 뜨개 방법과의 조합에 따라 다음 단으로 이행하는 방법이 다르므로 어떤 형태로 뜰지, 또 시작코의 겉쪽과 안쪽 중 어느 쪽을 겉면으로 드러내고 싶은지를 고려하여 진행 방향을 선택하는 것을 추천합니다. 진행 방향과 뜨개 형태의 조합은 아래의 표와 같습니다.

진행 방향	왕복뜨기	원통뜨기
오른쪽→왼쪽	다음 단은 뜨개바탕을 뒤집어서 뜬다. 다음에 안단을 뜨면 시작코의 겉쪽이 겉면이 되며 겉단을 뜨면 시작코의 안쪽이 겉면이 된다.	다음 단은 뜨개바탕을 뒤집지 않고 원통이 되게 연결해 시작코를 뜬다. 시작코의 겉쪽이 겉면이 된다.
왼쪽→오른쪽	다음 단은 뜨개바탕을 뒤집지 않고 뜬다. 다음에 겉단을 뜨면 시작코의 겉쪽이 겉면이 되고 안단을 뜨면 시작코의 안쪽이 겉면이 된다.	다음 단은 뜨개바탕을 뒤집어서 원통이 되게 연결해 시작코를 뜬다. 시작코의 안쪽이 겉면이 된다. 뜨개바탕을 뒤집지 않고 1단을 뜬 후 원통으로 만들 수도 있는데(그런 경우에는 시작코의 겉쪽이 겉면이 된다) 1단 분량만큼 틈이 생겨서 나중에 막아야 한다.

③ 신축성

이를테면 스웨터의 옷단이나 양말 입구의 고무뜨기부터 뜨기 시작할 때 '손가락에 걸어서 만드는 시작코'로는 신축성이 부족합니다. 그런데 '1코고무뜨기로 만드는 시작코'는 익숙하지 않은데 어쩌나 고민한 적이 있지 않나요? 그럴 때는 이 책에서 소개하는 레이더 차트의 '신축성'과 '견고함'을 기준으로 해서 가장 적합한 기법을 찾아보세요.

시작코의 신축성과 견고함은 옷이라면 착용감, 소품이라면 편의성 등 기능이나 내구성에 영향을 줍니다. 사실 이 책에서 소개한 기법 외에도 다양한 시작코 기법이 있습니다. 그렇게 많은 응용 방법이 생겨났다는 건 그만큼 여러 방법으로 기능성과 내구성을 추구했다는 의미일 거예요. 영어로 stretchy(늘어나다)나 elastic(신축성이 있다) 같은 단어를 포함한 기법이 많다는 점에서도 '적절한 신축성'의 중요성을 알 수 있습니다.

언뜻 보면 귀찮게 느껴지는 기법이라도 실제로 시험해보면 복잡한 과정 때문에 몰랐던 합리성을 깨달을 수도 있습니다. 꼭 여러 가지 기법의 '신축성' 차이를 체험해보세요.

④ '코막음'과의 조합

완성된 작품에서 시작코와 코막음이 보이는 상태가 되는 경우 모양이 비슷한 기법을 함께 선택하는 것도 좋은 방법입니다.

이 책에서 소개하는 기법 중에도 '피코 에지 CO'(→P.56)와 '피코 에지 BO'(→P.106), '아이코드 CO'(→P.66)와 '아이코드 BO'(→P.114)처럼 시작코와 코막음이 짝을 이루는 유형이 있습니다.

그 외의 기법에서도 뜨개바탕과 조화를 잘 이루는지 확인해가며 독창적인 조합을 생각해보는 것을 추천합니다.

〈참고 : 텐션 조정 방법〉

뜨는 사람마다 다른 손놀림에 따라 뜨개바탕의 게이지가 달라지듯이 시작코의 텐션도 꽤 달라집니다. 그 결과 뜨개바탕과 잘 어울리지 않거나 기법 자체의 특성인 신축성이 충분히 발휘되지 못하기도 합니다. 일반적으로 코가 빡빡해지는 경우가 많으며 시작코가 빡빡하면 다음 단이 뜨기 어려워지는 문제도 생깁니다. 조정 방법은 주로 바늘을 바꾸거나 손놀림을 바꾸는 것 두 종류입니다. 텐션이 빡빡한 경우와 느슨한 경우 각각의 조정 방법과 주의점을 다음에 정리해놓았습니다.

조정 방법	빡빡한 경우	느슨한 경우
바늘을 바꾼다	본체용 바늘보다 1~2호 굵은 바늘로 시작코를 만든다.	본체용 바늘보다 1~2호 가는 바늘로 시작코를 만든다.
손놀림을 바꾼다	바늘을 다루는 동안 '적절한 여유'를 의식해 실을 지나치게 잡아당겨 조이지 않게 주의한다. 바늘에 걸리는 '코'를 크게 하고 싶을 때는 바늘에 건 고리에 여유를 남기도록 한다.	바늘을 다루는 동안 실을 단단히 잡아당겨 조이도록 주의한다. 바늘에 걸리는 '코'를 작게 하고 싶을 때는 바늘에 건 고리가 꽉 조여지도록 한다.

◎ 시작코 매트릭스

시작코를 선택할 때 모양(장식성)과 신축성이 가장 신경 쓰이지 않나요? 그래서 각 기법 페이지에 표시한 레이더 차트에서 '장식성'과 '신축성'을 골라내 매트릭스로 만들어봤습니다. 숫자는 각 기법이 수록된 페이지입니다.

페이지	명칭
16	롱테일 CO
18	트위스티드 롱테일 CO
20	투컬러 롱테일 CO
22	투컬러 브레이디드 CO
24	헤링본 CO
26	트라이컬러 브레이디드 CO
28	컴바인드 롱테일 CO
30	레프트핸디드 CO
32	저먼 트위스티드 CO
34	펄드 하프 히치 CO
36	니트 원 펄 원 리브 CO
38	프린지 CO
40	피코 리브 CO
42	채널 아일랜드 CO
44	루프 CO
45	백워즈 루프 CO
46	트위스티드 루프 CO
47	트위스티드 CO
48	더블 체인 CO
50	니티드 CO
51	펄드 CO
53	케이블 CO
54	펄드 케이블 CO
56	피코 에지 CO
58	크로셰티드 체인 CO
60	인비저블 CO
62	이탈리안 튜뷸러 CO
66	아이코드 CO
68	피코 체인 CO
70	서큘러 CO
72	터키시 CO
74	주디스 매직 CO
76	피겨 에이트 CO

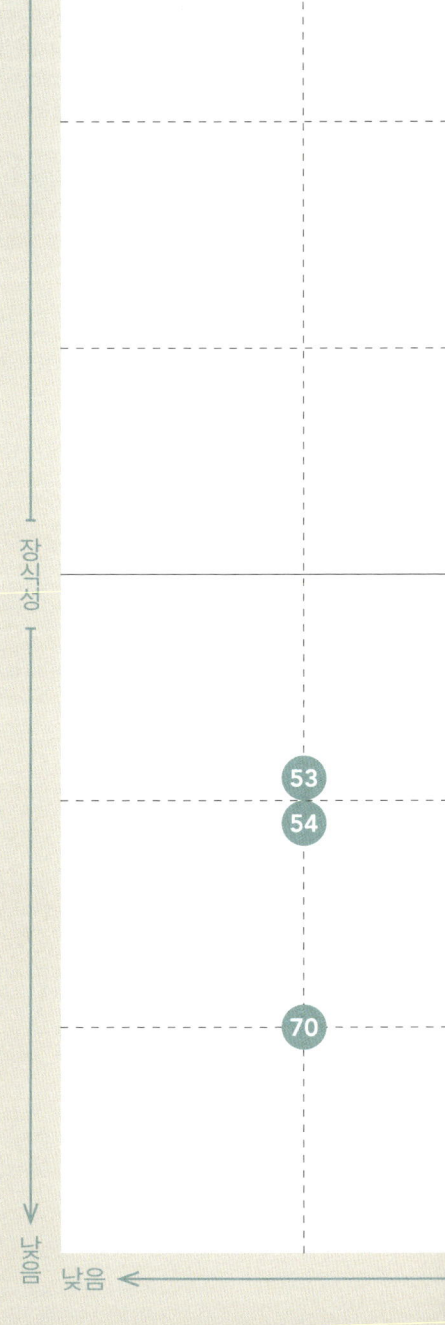

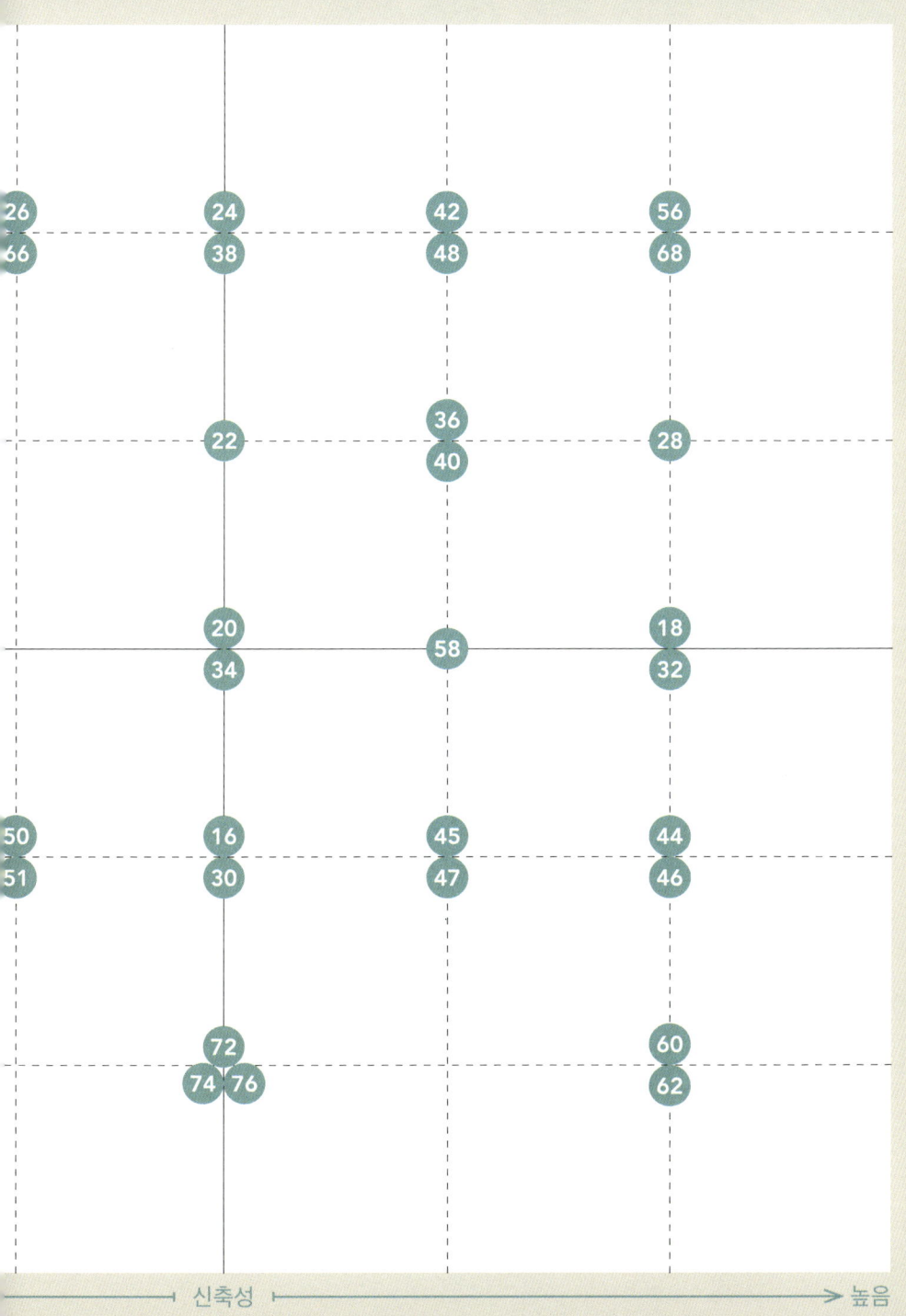

Long-tail Cast On
롱테일 캐스트 온

'롱테일'은 실끝을 말하는데 직역하면 '긴 실끝의 시작코'입니다. 일반적으로는 '손가락에 걸어서 만드는 시작코'로 잘 알려진 기초적인 시작코입니다. 이 기법을 기반으로 응용한 시작코도 수두룩하며, 그런 의미에서 가장 먼저 터득해놓아야 합니다. 코가 너무 빡빡해질 경우에는 트위스티드 롱테일 CO(→P.18)이나 P.19의 Tip처럼 해서 (바늘에 걸리는 코가 아닌) 토대 부분에 여유를 만드는 것을 추천합니다.

1.
실끝을 뜨고 싶은 폭의 **약 3배를** 남겨서 슬립 노트를 만들고 실끝을 앞쪽으로 해서 오른쪽 바늘에 건다. 슬립 노트는 첫 번째 코가 된다. 실끝과 뜨는 실 사이에 왼손 엄지와 검지를 넣어서 엄지에 실끝, 검지에 뜨는 실을 건다. 실은 2가닥 모두 손바닥으로 쥔다.

Part 1 CO

'손가락에 걸어서 만드는' 시작코

2.
엄지의 바깥쪽에 걸려 있는 실에 바늘 끝을 아래에서 위로 넣는다.

3.
계속해서 **검지 안쪽**에 걸린 실에 바늘 끝을 위쪽에서 건다.

4.
바늘 끝을 <u>엄지의 고리에 위쪽에서 넣고</u> 아래쪽으로 빼낸다.

5.
엄지를 고리에서 빼고 다시 한번 1과 같은 방법으로 실 끝 쪽의 실을 걸어서 바늘에 걸린 고리를 조인다. 이렇게 해서 두 번째 코가 완성되었다. 필요한 콧수가 될 때까지 2~5를 반복한다.

실끝 쪽 실

두 번째 코

Tip
슬립 노트를 가장 먼저 만든다?

롱테일 CO의 '첫 번째 코'는 일반적으로 '슬립 노트를 만든다'라고 간주합니다. 하지만 슬립 노트는 밑부분에 노트(매듭)가 있기 때문에 그 노트가 뜨개바탕에서 튀어나온 것처럼 완성되는 것이 신경 쓰일 수 있습니다. 그런 경우에는 오른쪽 바늘에 걸어놓기만 한 실을 '1코'로 해도 괜찮습니다. 단, 매듭을 짓지 않은 만큼 첫 번째 코가 느슨해지기 쉬우므로 오른쪽 바늘에 실을 걸고 나서 밑부분에서 실끝 쪽과 뜨는 실 쪽을 한 번 꼰 후 왼손에 걸듯이 하면 느슨함이 덜하게 됩니다.

    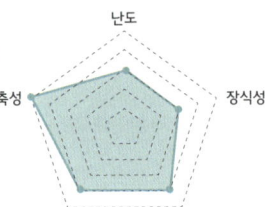

Twisted Long-tail Cast On
트위스티드 롱테일 캐스트 온

시작코의 밑부분을 한 번 꼬아서 실을 좀 더 확보할 수 있으므로 롱테일 CO보다 신축성이 높습니다. 하지만 일정한 방향으로 계속 꼬기 때문에 콧수가 늘어나면 바늘에 생긴 시작코도 꼬입니다. 시작코의 꼬인 부분을 바로잡아가며 만들면 좋습니다. 양말 입구, 모자 입구 등 콧수가 너무 많지 않고 신축성이 필요한 부분에 적합합니다.

1.

실끝을 뜨고 싶은 폭의 **4배 정도** 남겨서 슬립 노트를 만든 후 오른쪽 바늘에 걸어서 **롱테일 CO**(→P.16)로 1코를 만든다. 계속해서 왼쪽 사진과 같이 바늘 끝을 실 2가닥의 **뒤쪽→아래쪽→앞쪽**으로 움직인 후 시작코가 걸린 채로 바늘 끝을 한 바퀴 돌려서 원래 위치로 되돌린다.

2.

바늘 끝을 한 바퀴 돌리면 만든 코의 **밑부분에서 실이 꼬인다.** 필요한 콧수가 될 때까지 롱테일 CO로 1코를 만들고 1처럼 바늘 끝을 돌리는 작업을 반복한다.

꼬인다

Tip
롱테일 캐스트 온을 느슨하게 만들려면?

시작코가 빡빡한 탓에 뜨개바탕 하단이 오므라들 때가 있습니다. 이를 피하려면 시작코를 느슨하게 만들면 되는데 손놀림으로 느슨하게 하기가 꽤 어렵습니다. '굵은 바늘을 사용하는' 방법도 있지만 이 방법으로는 시작코가 느슨해진다기보다 첫 단의 뜨개코가 느슨해집니다.
시작코 사이 간격을 벌려서 시작코를 느슨하게 하려면 아래의 사진처럼 해서 만든 코와 다음 코 사이에 오른손 검지를 놓고 스토퍼를 대신하는 방법을 추천합니다. 꼭 시험해보세요.

1.
롱테일 CO(→P.16)로 1코를 만들고, 만든 코의 왼쪽에 **오른손 검지의 끝을 붙인다.**

검지를 붙인다

2.
1에서 붙인 오른손 검지의 위치는 유지한 채 다음 코를 만든다. 오른손 검지가 스토퍼가 되어서 첫 번째 코와 두 번째 코 사이에 간격이 생긴다.

검지만큼 간격이 생긴다

3.
필요한 콧수가 될 때까지 1~2를 반복한다. 매번 마지막에 고리를 조일 때 간격이 맞게 조심하는 것이 요령이다.

     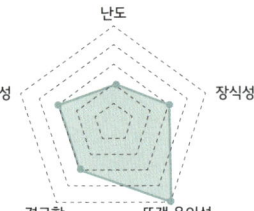

Two-Color Long-tail Cast On
투컬러 롱테일 캐스트 온

롱테일 CO를 2색의 실로 만드는 기법이며 엄지에 건 실의 색이 토대가 되고 검지에 건 실의 색이 바늘에 걸리는 코가 됩니다. 시작코 쪽 가장자리를 그대로 사용하는 작품이며 토대를 본체와는 다른 색으로 해서 디자인에 강조 효과를 줄 수 있습니다.

토대가 되는 색은 엄지에

코가 되는 색은 검지에

1.

실끝을 각각 10cm 정도 남기고 사용하는 실 2가닥으로 슬립 노트를 만든 후(이 슬립 노트는 콧수에 포함하지 않는다) 오른쪽 바늘에 건다. '코'로 만들고 싶은 색의 실을 왼손 검지, '토대'로 만들고 싶은 색의 실을 왼손 엄지에 건다. 거는 방법은 롱테일 CO (→P.16)와 같다.

Part 1
CO

'손가락에 걸어서 만드는' 시작코

2.

롱테일 CO로 필요한 콧수만큼 시작코를 만든다.

3.

토대 쪽의 실은 실끝을 10cm 정도 남기고 자른다. 남긴 실로 다음 단 이후를 뜬다. 슬립 노트는 다음 단을 슬립 노트 앞 코까지 다 뜨고 나면 바늘에서 뺀 뒤 풀어낸다.

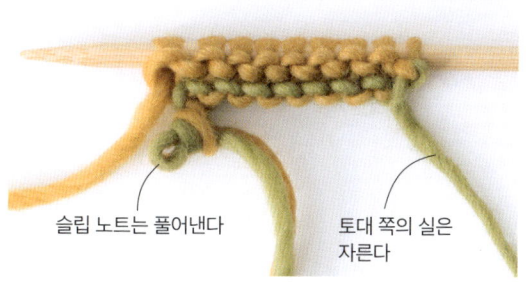

슬립 노트는 풀어낸다
토대 쪽의 실은 자른다

Tip
실 2가닥으로 만드는 롱테일 캐스트 온

롱테일 CO로 많은 콧수(특히 100코 이상)를 만들 때 실끝을 어느 정도 남기면 좋을지 고민한 적이 있지 않나요? 그럴 때는 같은 색 실 2가닥을 사용하면 편해집니다. 실끝을 처리할 곳이 한 군데 늘어나지만 실끝이 부족하거나 남는 데서 생기는 스트레스에서 벗어날 수 있습니다.
같은 색 실 2가닥으로 만드는 롱테일 CO에는 '더블 롱테일 캐스트 온 Double Long-tail Cast On'도 있습니다. 같은 색 실 2가닥을 겹쳐서 코를 만드는 방법이며 시작코 부분이 튼튼해지는데 그만큼 신축성이 낮아집니다.

〈실 2가닥으로 만드는 롱테일 CO〉　　〈실 2가닥을 겹쳐서 만드는 롱테일 CO〉

같은 색 실 2가닥으로 슬립 노트를 만들고 오른쪽 바늘에 걸어서(실끝은 각각 10cm 정도 남긴다) 사진과 같이 뜨는 실 1가닥을 왼손 검지, 나머지 뜨는 실 1가닥을 왼손 엄지에 건다. 이 상태에서 **롱테일 CO**로 필요한 콧수만큼 시작코를 만든 후 뜨는 실 2가닥 중 1가닥을 자르고 나머지 1가닥으로 다음 단 이후를 뜬다. 다음 단에서 슬립 노트는 뜨지 않고 풀어낸다.

같은 색 실 2가닥으로 (실끝은 뜨고 싶은 폭의 약 3배를 남긴다) 슬립 노트를 만들고 오른쪽 바늘에 건 뒤 사진과 같이 실끝 쪽 2가닥을 왼손 검지, 뜨는 실 쪽 2가닥을 왼손 엄지에 건다. 슬립 노트가 첫 번째 코가 된다. 이 상태에서 필요한 콧수가 될 때까지 **롱테일 CO**로 시작코를 만들고 마지막에 겹친 실 2가닥 중 1가닥을 자르고 나머지 1가닥으로 다음 단 이후를 뜬다.

Two-color Braided Cast On
투컬러 브레이디드 캐스트 온

투컬러 롱테일 CO(→P.20)와 마찬가지로 롱테일 CO에 두 번째 색을 더한 응용 방법. 1코마다 실 2가닥을 바꿔 잡아서 토대와 코의 색이 서로 달라져 한층 더 장식적입니다. 여기에서는 기본으로 1코마다 색을 바꾸는 방법을 소개하는데 계속해서 뜨개바탕의 배색에 맞춰서 색을 바꾸는 식으로 응용할 수도 있습니다. 실을 바꿔 잡을 때마다 실 2가닥이 서로 얽히므로 때때로 실을 풀어내가며 진행하세요.

1.
실끝을 10cm 정도 남겨서 사용하는 실 2가닥(2색)으로 슬립 노트를 만든 후(슬립 노트는 콧수에 포함하지 않는다) 오른쪽 바늘에 건다. 첫 번째 코로 만들고 싶은 색의 뜨는 실(A)을 왼손 검지, 다른 1가닥(B)을 왼쪽 엄지에 건다. 실을 거는 방법은 롱테일 CO(→P.16)와 마찬가지다.

Part 1
CO

2.
롱테일 CO(→P.16)로 1코를 만든다.

3. 일단 엄지와 검지를 뜨는 실에서 떼어내고 **A의 아래쪽에 검지를 넣은 후 B를 떠 올려서** 실의 위치를 바꿔준다.

4. 남은 A를 엄지에 건다. 이렇게 해서 A와 B는 **반시계방향으로 꼬인다.** 이 상태에서 다음 코를 만든다.

슬립 노트는 다음 단에서 풀어낸다

5. 3과 같은 요령으로 검지의 실과 엄지의 실을 바꿔 잡는다(실 2가닥을 꼬는 방향은 늘 일정하게 유지한다).

6. 실이 얽히므로 때때로 풀어내가며 필요한 콧수가 될 때까지 2~5를 반복한다. 슬립 노트는 다음 단에서 풀어낸다.

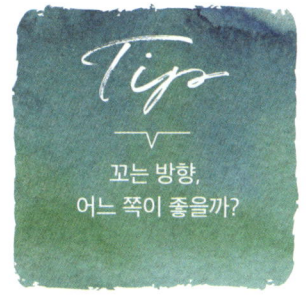

Tip
꼬는 방향,
어느 쪽이 좋을까?

위에서는 투컬러 브레이디드 CO에서 실 2가닥을 '반시계방향'으로 바꿔 잡는 방법을 소개했는데 사실은 '시계방향'으로 바꿔 잡아도 시작코는 만들 수 있습니다. 하지만 완성된 모습에 차이가 있습니다. '반시계방향'은 로프 같은 모양이지만 '시계방향'은 두께가 다릅니다. 취향에 따라 구분해서 사용하는 것도 추천합니다. '시계방향'으로 만드는 경우 3에서 'A의 위쪽'에서 검지에 B를 걸고 5에서도 같은 요령으로 실을 바꿔 잡습니다.

〈반시계방향 버전의 완성〉　　　　　〈시계방향 버전의 완성〉

Herringbone Cast On
헤링본 캐스트 온

이 시작코도 롱테일 CO에 두 번째 색을 더한 응용 방법. 작업 과정은 투컬러 브레이디드 CO (→P.22)와 같은데 엄지에 거는 실을 거는 방법이 다릅니다. 차이는 그뿐이지만 토대 부분에 생기는 헤링본 무늬가 투컬러 브레이디드 CO와는 매우 다릅니다. 꼭 실제로 만들어서 비교해보세요.

Part 1 CO

'손가락에 걸어서 만드는' 시작코

1. A, B의 실 2가닥을 겹쳐서 슬립 노트를 만들고 오른쪽 바늘에 건다(A를 첫 번째 코로 만든다).

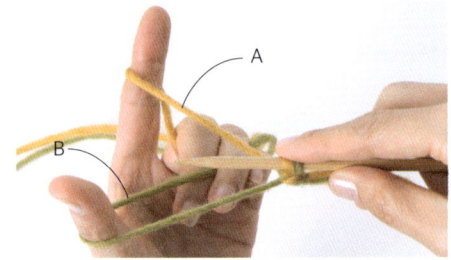

2. A를 왼손 검지에 **안쪽에서 바깥쪽으로**, B를 왼손 엄지에 **바깥쪽에서 안쪽으로** 건다.

3. **엄지의 안쪽 실** 아래쪽에서 오른쪽 바늘을 넣어서 실을 들어 올린다.

4. **검지의 안쪽 실**에 바늘 끝을 위에서 건다.

5. 바늘 끝을 엄지의 안쪽 실 아래쪽에서 앞쪽으로 빼낸다.

6. 엄지를 고리에서 빼고 다시 한번 엄지에 실을 걸어서 바늘에 걸린 고리를 조인다.

7. 엄지와 검지를 뜨는 실에서 빼고 A의 아래쪽에 검지를 넣어서 B를 떠 올린다.

8. A를 엄지에 바깥쪽에서 안쪽으로 건다. 이렇게 해서 A와 B가 바뀐다.

9. 3~8과 같은 요령으로 1코를 만들고 실 2가닥을 바꿔 잡는다. 이후에도 같은 요령으로 반복한다.

슬립 노트는 다음 단에서 풀어낸다

10. 필요한 콧수가 되면 끝낸다. 슬립 노트는 다음 단에서 풀어낸다.

Tip

헤링본 무늬는 1색이든 2색이든 만들 수 있다

헤링본 CO를 2색 대신 1색으로 만들면 단색 뜨개바탕용의 장식적인 시작코가 됩니다. 오히려 1색으로 만드는 쪽이 쓰임새가 많을 수도 있습니다. 1색으로 만드는 경우 실 2가닥 A, B를 같은 색으로 해서 1~10과 같은 요령으로 시작코를 만들수 있고 실 1가닥으로 시작코를 만드는 방법도 사용할 수 있습니다. 실 1가닥으로 만드는 경우, 실끝을 뜨고 싶은 폭의 4배 정도 남겨서 슬립 노트를 만들고 실끝 쪽과 뜨는 실 쪽을 A, B로 해서 시작코를 만듭니다(슬립 노트는 풀어내지 않고 1코로 한다).

    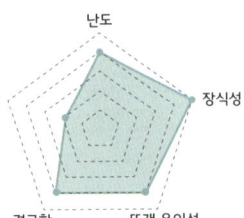

Tricolor Braided Cast On
트라이컬러 브레이디드 캐스트 온

투컬러 브레이디드 CO(→P.22)에 1색을 더 추가한 기법입니다. 세 번째 색이 더해져서 화려해질 뿐만 아니라 토대 부분의 두께와 존재감도 더해집니다. 계속해서 만들면 실 3가닥이 얽혀서 나중에 풀어내기가 조금 번거로우므로 부지런히 풀어가며 만드는 것을 추천합니다.

Part 1 CO

'손가락에 걸어서 만드는' 시작코

1.
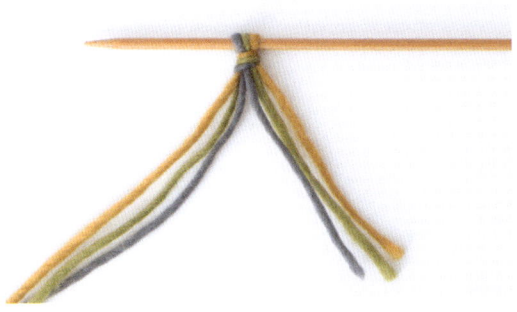

실끝을 10cm 정도 남기고 사용하는 실 3색(A, B, C)으로 슬립 노트를 만들어서 오른쪽 바늘에 건다. 슬립 노트는 콧수에 포함하지 않는다.

2.
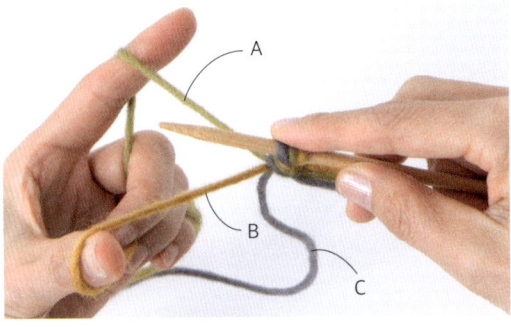

A를 왼손 검지, **B**를 왼손 엄지에 건다. 두 실 모두 **슬립 노트 쪽을 오른손으로** 잡고 왼손에 건 실은 2가닥 모두 손바닥으로 잡는다. **C**는 **뒤쪽**에 늘어뜨려놓는다.

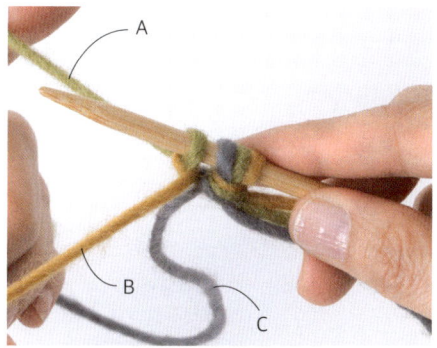

3. 롱테일 CO(→P.16)로 1코를 만든다. '코'는 A, '토대'는 B 색상 코가 생긴다.

4. B는 **앞쪽에 떨어뜨리고** A를 왼손 엄지에 건다. A, B의 **뒤쪽에서** C를 왼손 검지에 건다. 실 3가닥은 반시계방향으로 이동한다.

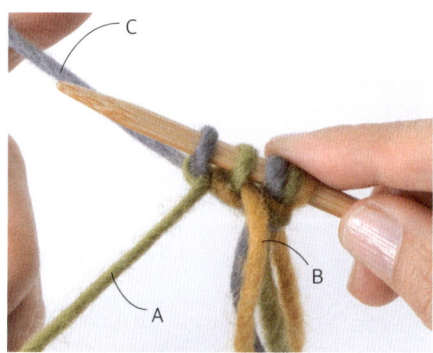

5. 롱테일 CO로 1코를 만든다. '코'는 C, '토대'는 A 색상 코가 생긴다.

6. A는 **앞쪽에 떨어뜨리고** C를 왼손 엄지에 건다. A, C의 **뒤쪽에서** B를 왼손 검지에 건다. 실 3가닥은 반시계방향으로 이동한다.

7. 롱테일 CO로 1코를 만든다. '코'는 B, '토대'는 C 색상 코가 생긴다.

8. 필요한 콧수가 될 때까지 2~7을 반복한다(실은 늘 반시계방향으로 바꿔 잡는다). 슬립 노트는 다음 단에서 풀어낸다.

      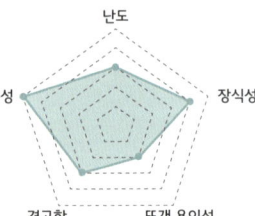

Combined Long-tail Cast On
컴바인드 롱테일 캐스트 온

'컴바인드(조합한)'라는 이름 그대로 롱테일 CO(→P.16)와 헤링본 CO(→P.24)를 번갈아 가며 만드는 기법입니다. 엄지에 실 거는 방법을 1코씩 바꾸기만 할 뿐이라서 어렵지 않아요. 화려함은 없지만 테두리뜨기에 강조 효과를 줄 수 있는 시작코입니다. 리넨 스티치(멍석뜨기) 등과 합쳐도 좋을 것 같네요.

1.

실끝을 뜨고 싶은 폭의 **3배 정도** 남기고 슬립 노트를 만든 후 실끝을 앞쪽에 놓고 오른쪽 바늘에 건다. 실끝과 뜨는 실 사이에 왼손 엄지와 검지를 넣어서 엄지에 실끝, 검지에 뜨는 실을 걸고 실은 2가닥 모두 손바닥으로 쥔다.

Part 1
CO

'손가락에 걸어서 만드는' 시작코

2.

롱테일 CO(→P.16)로 1코를 만든다. 너무 빡빡하게 조이지 않도록 주의한다.

바깥쪽에서 안쪽으로

3. 왼손 엄지의 실을 손가락 바깥쪽에서 안쪽으로 다시 건다.

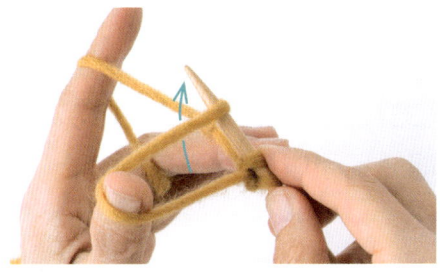

4. **엄지의 안쪽 실 아래쪽에** 오른쪽 바늘을 넣고 실을 들어 올린다.

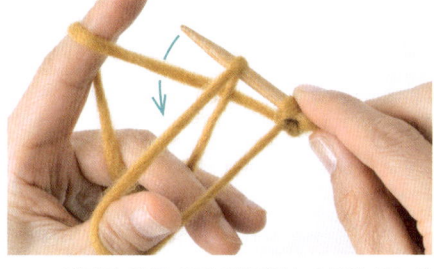

5. **검지의 안쪽 실에 위쪽에서** 오른쪽 바늘을 건다.

6. 오른쪽 바늘을 그대로 **엄지 안쪽의 실 아래쪽에서 앞쪽으로** 빼낸다.

7. 엄지를 고리에서 빼고 **다시 한번 1과 같은 요령으로** 실을 걸어서 바늘의 고리를 조인다.

8. 필요한 콧수가 될 때까지 2~7을 반복한다.

Tip
토대만 실 2가닥을 겹치는 방법

컴바인드 롱테일 CO를 만들 때 실끝을 10cm 정도 남겨서 같은 색 실 3가닥을 겹쳐서 처음 슬립 노트를 만들고(이는 콧수에 포함하지 않는다) 실 2가닥을 왼손 엄지, 1가닥을 왼손 검지에 걸어서 시작코를 만듭니다. 그러면 토대는 실 2가닥이 겹쳐서 튼튼하고 두꺼워지며 쉽게 빡빡해지지도 않습니다. 실을 1가닥으로 끝내고 싶은 경우에는 실끝을 뜨고 싶은 폭의 약 4배 되는 부분에서 반으로 접어 실끝에서 약 10cm 떨어진 부분에 실 2가닥을 겹쳐서 슬립 노트를 만듭니다. 반으로 접은 2가닥을 왼손 엄지, 뜨는 실을 왼손 검지에 걸어서 시작코를 만듭니다.

Left-handed Cast On
레프트핸디드 캐스트 온

롱테일 CO(→P.16)의 방식을 좌우 반전시킨 기법입니다. 기본적으로는 이름 그대로 왼손잡이를 위한 시작코인데, 오른손잡이도 롱테일 CO를 왼쪽에서 오른쪽으로 만들고 싶을 때 사용할 수 있습니다. 진행 방향이 달라질 뿐만 아니라 토대의 비스듬한 경사도 좌우로 반전됩니다.

뜨는 실 / 실끝

1.

실끝을 뜨고 싶은 폭의 **약 3배를** 남겨서 슬립 노트를 만든 후 실끝을 앞쪽에 놓고 왼쪽 바늘에 건다. 슬립 노트는 첫 번째 코가 된다. 실끝과 뜨는 실 사이에 오른손 엄지와 검지를 넣고 실끝을 엄지, 뜨는 실을 검지에 건다. 실은 2가닥 모두 손바닥으로 쥔다.

2.

<u>엄지의 바깥쪽에</u> 걸린 실에 바늘 끝을 아래에서 위로 넣는다.

'손가락에 걸어서 만드는' 시작코

3.

계속해서 **검지의 안쪽에** 걸린 실에 바늘 끝을 위쪽에서 건다.

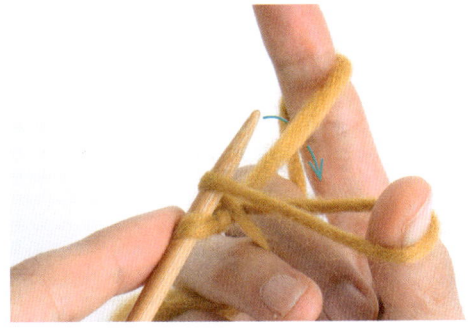

4.

바늘 끝을 **엄지의 고리에 위쪽에서** 넣고 아래쪽으로 빼낸다.

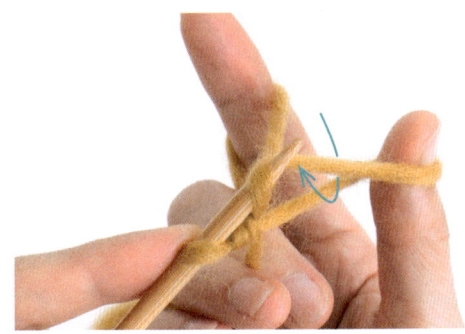

5.

엄지를 고리에서 빼고 다시 한번 엄지에 실 끝 쪽의 실을 걸어서 바늘에 걸린 고리를 조인다. 이렇게 해서 두 번째 코가 생긴다.

두 번째 코

6.

필요한 콧수가 될 때까지 2~5를 반복한다.

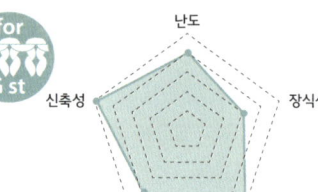

German Twisted Cast On
저먼 트위스티드 캐스트 온

롱테일 CO에 약간의 수고를 더해서 신축성을 높인 기법이며 옛 노르웨이식, 올드 노르위전 캐스트 온Old Norwegian Cast On으로 불리기도 합니다. 한 번 터득하면 리듬감 있게 만들 수 있으므로 양말 등의 소품부터 신축성이 필요한 콧수가 많은 부분(스웨터의 밑단 등)에도 추천합니다. 엄지의 고리에서 오른쪽 바늘을 빼낼 때 엄지를 구부리면 작업하기 쉬워집니다. 가터뜨기용 시작코로 잘 알려져 있습니다.

1.
실끝을 뜨고 싶은 폭의 **약 3배**를 남겨서 슬립 노트를 만든 후 실끝을 앞쪽에 놓고 오른쪽 바늘에 건다. 슬립 노트는 첫 번째 코가 된다. 실끝과 뜨는 실 사이에 왼손 엄지와 검지를 넣고 엄지에 실끝, 검지에 뜨는 실을 건다. 실은 2가닥 모두 손바닥으로 쥔다.

2.
실끝을 앞쪽에서 **엄지에 걸린 실 2가닥의 아래쪽으로** 통과시킨다.

Part 1 CO

'손가락에 걸어서 만드는' 시작코

3.

바늘 끝을 앞쪽으로 쓰러뜨려서 엄지의 고리 한가운데로 내려놓고 **엄지의 안쪽 실**을 걸어서 앞쪽으로 빼낸다.

4.

(엄지에 걸린 실 위쪽에서) **검지 안쪽**의 실에 바늘 끝을 위쪽에서 걸어 **엄지의 고리 밑부분과 오른쪽 바늘 사이에서** 앞쪽으로 빼낸다. 앞쪽으로 빼낼 때는 왼손 엄지의 첫 번째 관절을 구부려 고리의 꼬인 부분을 풀어내면 바늘 끝을 통과시키는 부분을 알기 쉽다.

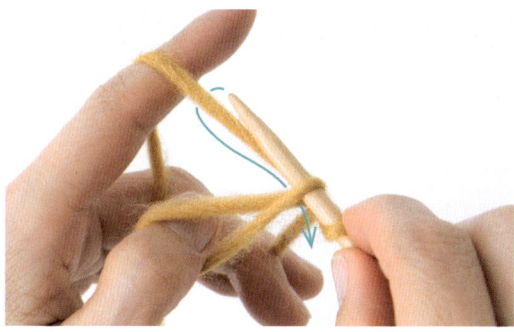

5.

엄지를 고리에서 빼고 다시 한번 실끝 쪽의 실에 걸어서 조인다. 이렇게 해서 두 번째 코가 생긴다.

6.

필요한 콧수가 될 때까지 2~5를 반복한다.

 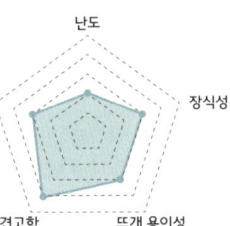

Purled Half Hitch Cast On
펄드 하프 히치 캐스트 온

롱테일 CO의 이미지가 겉뜨기라고 하면, 이 시작코는 안뜨기의 이미지입니다. 만드는 방법도 완전히 그대로라서 앞뒤를 바꿔서 같은 요령으로 뜨기만 하면 됩니다. 토대 부분을 안뜨기 느낌으로 만들고 싶은 경우에 추천합니다. 신축성 등의 특징은 롱테일 CO와 같습니다.

1.

실끝을 뜨고 싶은 폭의 **약 3배**를 남겨서 슬립 노트를 만들고 실끝을 앞쪽으로 해서 오른쪽 바늘에 건다. 슬립 노트는 첫 번째 코가 된다. 실끝과 뜨는 실 사이에 왼손 엄지와 검지를 넣고 엄지에 실끝, 검지에 뜨는 실을 건다. 실은 2가닥 모두 손바닥으로 쥔다.

2.

오른쪽 바늘 끝에 <u>검지의 바깥쪽 실</u>을 오른쪽 아래에서 위로 건다.

3.

계속해서 바늘 끝을 **엄지 안쪽의 실** 아래에 뒤쪽에서 통과시켜서 앞쪽으로 빼낸다.

4.

바늘 끝에 **엄지의 안쪽 실**을 걸고 **검지의 고리에 위로** 넣어서 뒤쪽으로 빼낸다.

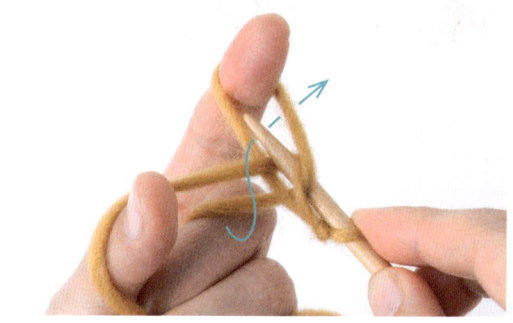

5.

검지를 고리에서 빼고 다시 한번 뜨는 실을 검지에 걸어서 조인다. 이렇게 해서 두 번째 코가 생긴다.

6.

필요한 콧수가 될 때까지 2~5를 반복한다.

K1, P1 Rib Cast On
니트 원 펄 원 리브 캐스트 온

롱테일 CO(겉뜨기)와 펄드 하프 히치 CO(→P.34 / 안뜨기)를 번갈아 하며 1코고무뜨기 모양을 만드는 기법입니다. 신축성은 롱테일 CO와 큰 차이가 없으므로 시작코의 모양은 고무뜨기에 맞추고 싶지만 신축성이 덜한 코를 뜨고 싶을 때 유용합니다.

1.

실끝을 뜨고 싶은 폭의 **약 3배**를 남겨서 슬립 노트를 만들고 실끝을 앞쪽으로 해서 오른쪽 바늘에 건다. 슬립 노트는 첫 번째 코인 겉뜨기가 된다. 실끝과 뜨는 실 사이에 왼손 엄지와 검지를 넣고 엄지에 실끝, 검지에 뜨는 실을 건다. 실은 2가닥 모두 손바닥으로 쥔다.

2.

펄드 하프 히치 CO(→P.34)로 1코를 만든다. 이것이 두 번째 코인 안뜨기가 된다.

3.
롱테일 CO(→P.16)로 1코를 만든다. 이것이 세 번째 코인 겉뜨기가 된다.

4.
필요한 콧수가 될 때까지 2~3을 반복한다.

Tips
어떤 고무뜨기에도 사용할 수 있다

'K1, P1 Rib CO'는 겉뜨기와 안뜨기를 번갈아 하며 1코고무뜨기 모양을 만드는 시작코입니다. 이 기법을 응용하면 다양한 고무뜨기에 맞춘 시작코를 만들 수 있습니다. 예를 들어 '롱테일 CO'와 '펄드 하프 히치 CO'를 2코씩 번갈아 하면 2코고무뜨기용 시작코(K2, P2 Rib CO), 3코씩 번갈아 하면 3코고무뜨기용 시작코(K3, P3 Rib CO)가 됩니다. 보텀업 스웨터나 입구부터 뜨는 양말 등 고무뜨기로 시작하는 아이템을 뜰 때 활용해보세요.

〈K2, P2 Rib CO로 시작하는 2코고무뜨기〉 〈K3, P3 Rib CO로 시작하는 3코고무뜨기〉

    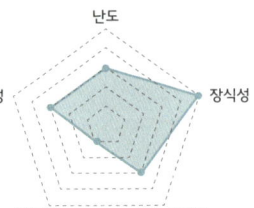

Fringe Cast On
프린지 캐스트 온

시작코와 동시에 프린지가 생기는 방법입니다. 에스토니아에서 유래한 기법이며 장갑 등의 장식에 사용됩니다. 프린지 길이는 검지의 고리로 조정할 수 있는데 다음 단을 뜰 때 잡아당기기 쉬우므로 주의해야 합니다. 시작코 단계에서 조금 긴 프린지로 만들어두는 것을 추천합니다.

1.
실끝을 뜨고 싶은 폭의 **약 3배**를 남겨서 슬립 노트를 만들고 실끝을 앞쪽으로 해서 오른쪽 바늘에 건다. 슬립 노트는 첫 번째 코가 된다. 실끝과 뜨는 실 사이에 왼손 엄지와 검지를 넣고 엄지에 실끝, 검지에 뜨는 실을 건다. 실은 2가닥 모두 손바닥으로 쥔다.

2.
오른쪽 바늘 끝을 **엄지 바깥쪽** 실의 아래쪽에서 넣어서 뺀다.

Part CO

손가락에 걸어서 만드는 시작코

3. 오른쪽 바늘 끝에 검지에 걸린 **실 2가닥을 위에서** 걸고 오른쪽 고리에 위에서 넣어서 앞쪽으로 빼낸다.

검지는 움직이지 않는다.

4. **엄지를 고리에서 빼고** 다시 한번 엄지에 실을 걸어서 꽉 조인다. 검지는 고리를 만들고 싶은 길이로 유지한다.

고리가 생긴다

1코

5. 검지를 고리에서 빼고 다시 한번 검지에 뜨는 실을 건다. **남은 고리가 프린지가 된다.** 만들어진 시작코는 실 2가닥(2코)이 겹쳐지는데 다음 단에서는 1코로 뜨기 때문에 2가닥을 1코로 센다.

6. 필요한 콧수가 될 때까지 2~5를 반복한다. 다음 단에서는 각 프린지 **밑부분의 2가닥 1세트를 1코로 해서 프린지가 풀리지 않도록 최대한 작게 움직여서 뜬다.** 1단을 다 뜨면 프린지를 당겨서 길이를 조정하면 좋다. 각 프린지의 길이를 맞추려면 4에서 실을 조일 때 **검지의 위치를 일정하게 맞추는 것**이 요령이다.

Tip

2색으로 뜨는 프린지 캐스트 온

프린지 CO는 2색으로도 뜰 수 있습니다('투컬러 프린지 캐스트 온Two Color Fringe Cast On'이 된다). 그 경우에는 처음의 슬립 노트를 2색으로 만들어서 오른쪽 바늘에 걸고(실끝은 10cm 정도 남긴다. 콧수에는 포함하지 않고 다음 단에서 풀어낸다) 처음의 고리로 만들고 싶은 색상의 실을 왼손 검지에 걸어서 처음의 코와 고리를 만든 후 다음 코와 고리는 엄지와 검지의 실을 바꿔 잡아서 만듭니다. 이후에도 매번 실을 바꿔 잡아가며 시작코를 만듭니다. 실을 바꿔 잡을 때 회전 방향은 어느 쪽이든 상관없지만(→P.23 Tip) 늘 같은 방향을 유지합니다.

Picot Rib Cast On
피코 리브 캐스트 온

롱테일 CO와 '걸기코' 같은 기법의 조합으로 생기는 시작코입니다. 피코가 두드러지지 않으므로 시작코에 살짝 강조 효과를 주고 싶을 때 추천합니다. 1코고무뜨기와 잘 어울리며 계속해서 1코고무뜨기를 조합하는 경우에는 롱테일 CO를 안뜨기, 걸기코를 겉뜨기로 해서 뜹니다. 양말 입구 등에서 단순한 고무뜨기에 곁들이기만 해도 보기 좋습니다.

1.
실끝을 뜨고 싶은 폭의 **약 3배**를 남겨서 슬립 노트를 만들고 실끝을 앞쪽으로 해서 오른쪽 바늘에 건다. 슬립 노트는 첫 번째 코인 안뜨기가 된다. 실끝과 뜨는 실 사이에 왼쪽 엄지와 검지를 넣고 엄지에 실끝, 검지에 뜨는 실을 건다. 실은 2가닥 모두 손바닥으로 쥔다.

2.
오른쪽 바늘 끝을 **엄지 안쪽의 실** 아래쪽으로 앞쪽에서 통과시킨다.

3.

계속해서 바늘 끝으로 **검지 안쪽의 실**을 뒤쪽에서 떠 올리듯이 걸고 그대로 바늘 끝을 엄지 안쪽의 실 아래로 통과시켜서 앞쪽으로 빼내 원래 위치로 되돌린다.

4.

오른쪽 바늘에 두 번째 코인 **겉뜨기**가 생긴다. 이 코는 밑부분에서 실이 꼬일 뿐이며 매듭이 없기 때문에 왕복뜨기의 경우 마지막 코에는 생기지 않고 다음 코까지 만들어야 한다(그래서 전체 코는 반드시 홀수가 된다).

겉뜨기

5.

롱테일 CO(→P.16)로 1코를 만든다. 이것은 **안뜨기**가 된다.

안뜨기

6.

필요한 콧수가 될 때까지 2~5를 반복한다. 왕복뜨기의 경우 **마지막은 반드시 5에서 끝난다**. 원통뜨기의 경우에는 **4에서 끝나며 다음 단부터는 원통 모양으로 뜬다**.

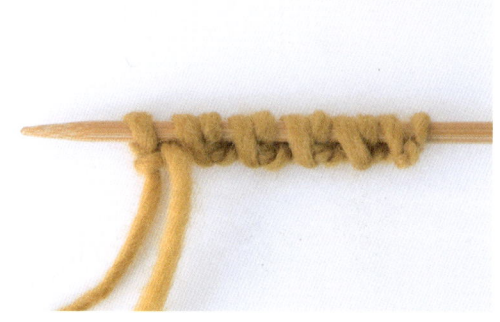

Channel Island Cast On
채널 아일랜드 캐스트 온

채널 제도의 전통 니트인 건지 스웨터에 오래전부터 사용되었다고 하는 시작코입니다. 피코와 같은 매듭이 생기는 것이 특징이며, 장식적인 재미를 더하면서 토대 부분에 여러 실이 걸쳐져 튼튼해지기도 합니다. 내구성이 필요한 피셔맨 스웨터에 딱 어울리는 시작코입니다. 겉으로 보이는 특징에 따라 '노티드 캐스트 온 Knotted Cast On'이라고 불리기도 합니다.

Part 1 CO

'손가락에 걸어서 만드는' 시작코

1.
뜨고 싶은 폭의 **약 3배** 되는 지점에서 실을 반으로 접고 실끝에서 약 10cm 떨어진 곳에 실 2가닥을 겹쳐서 슬립 노트를 만든다. 실 2가닥을 겹친 쪽이 앞쪽이 되도록 슬립 노트를 오른쪽 바늘에 건다.

※ 슬립 노트는 전체의 콧수를 홀수로 하는 경우 1코, 짝수로 하는 경우 2코로 센다.

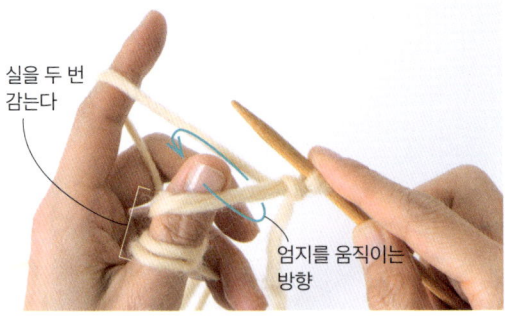

2.
뜨는 실은 <u>왼손 검지에 안쪽에서 바깥쪽으로 걸고</u>(롱테일 CO[→P.16]와 같은 방법) 2가닥을 겹친 실은 <u>왼손 엄지를 실의 앞쪽에서 반시계방향으로 두 번 돌려서 두 번 감는다</u>.

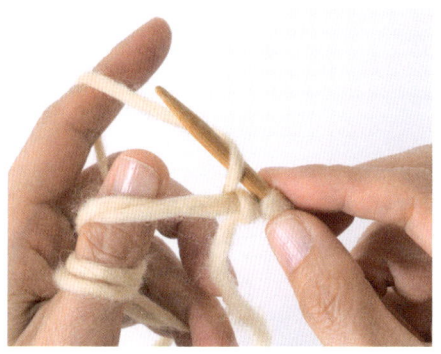

3. 검지의 실을 걸기코처럼 오른쪽 바늘에 건다. 이것이 첫 번째 코.

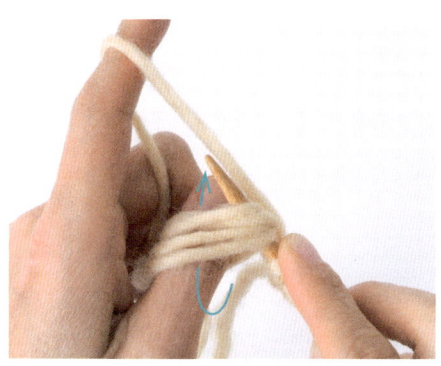

4. 바늘 끝을 앞쪽으로 쓰러뜨리고 **엄지에 두 번 감은 실에 아래에서 위로** 통과시킨다.

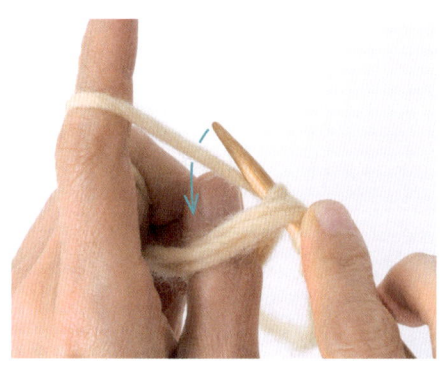

5. 계속해서 바늘 끝을 **검지 안쪽의 실에 위에서** 건다.

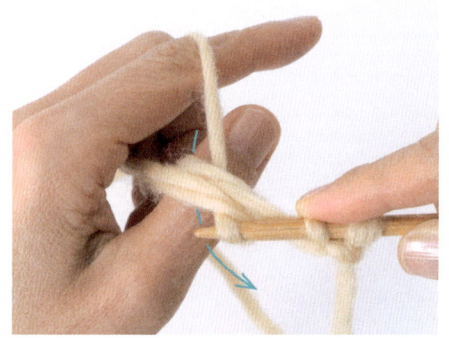

6. 건 실을 **엄지에 감은 실 아래로 빼낸다**.

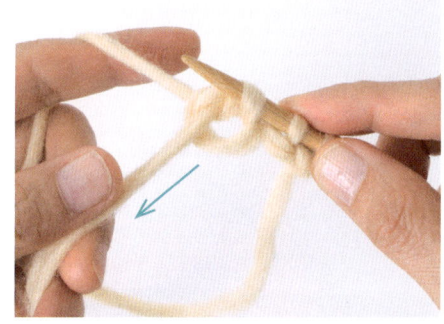

7. 엄지를 감은 실에서 빼고 **2가닥을 겹친 실을 조여서** 바늘에 생긴 코를 정리한다. 이것이 두 번째 코.

8. 필요한 콧수가 될 때까지 2~7을 반복한다. 시작코는 2코씩 생기고 3의 걸기코에서는 끝날 수 없으므로 반드시 7에서 끝난다.

    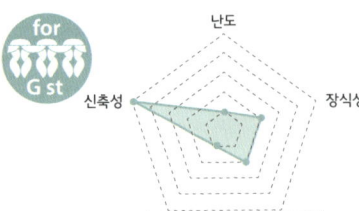

Loop Cast On
루프 캐스트 온

일반적으로 '감아코로 만드는 시작코'라고 불리는 기법이며 뜨개바탕의 오른쪽에 추가 코를 만듭니다. 코를 여러 개 늘릴 때 코늘리기 방법으로도 쓰입니다. 바늘에 실을 휘감을 뿐이라서 불안정하지만, 쉽게 만들 수 있고 두께가 드러나지 않아서 눈에 잘 띄지 않는 점이 장점입니다. 느슨함이 신경 쓰인다면 다음 단에서 돌려뜨기하면 완화됩니다. 뜨개바탕에 왼쪽으로 기운 코의 흐름이 생긴다고 해서 레프트 슬랜팅 캐스트 온 Left Slanting Cast On으로 불리기도 합니다.

1. 뜨개바늘과 실끝을 왼손으로 잡고 오른손으로 실을 들어서 팽팽하게 편다.

2. 오른손 검지를 실의 뒤쪽에서 앞쪽으로 돌리듯이 움직여서 실을 손가락에 건다.

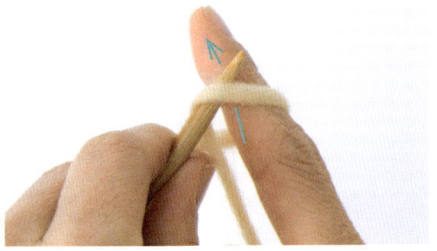

3. 검지의 앞쪽 실에 밑에서 바늘 끝을 넣는다.

4. 고리에서 손가락을 빼며 실을 당긴다. 여기까지의 과정을 필요한 콧수가 될 때까지 반복한다.

Backwards Loop Cast On
백워즈 루프 캐스트 온

'감아코로 만드는 시작코'의 좌우 반전 버전이며, 뜨개바탕의 왼쪽에 추가 코를 만듭니다. 코를 여러 개 늘릴 때 코늘리기 방법으로도 쓰입니다. 바늘에 걸리는 코의 방향이 반대(고리의 왼쪽이 앞쪽)가 되므로 다음 단에서 첫 번째 코 외에는 돌려뜨기하면 꼬임이 없어져서 토대가 깔끔하게 완성됩니다(첫 번째 코는 돌려뜨기하면 풀리므로 일반적인 방법으로 뜨거나 뜨지 않고 걸러뜨기한다). 토대에 오른쪽으로 기운 코의 흐름이 생겨서 라이트 슬랜팅 캐스트 온Right Slanting Cast On이라고 불리기도 합니다.

1. 뜨개바늘과 실끝을 오른손으로 잡고 왼손으로 실을 잡아 팽팽하게 편다.

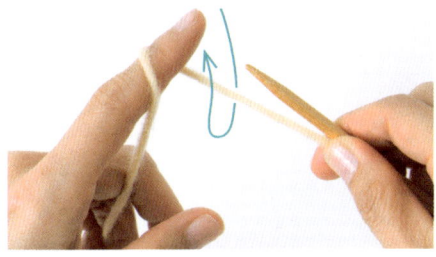

2. 왼손 검지를 **실 뒤쪽에서 앞쪽으로** 움직여서 사진처럼 실을 건다.

3. **검지의 앞쪽 실**에 밑에서 바늘 끝을 넣는다.

4. 고리에서 손가락을 빼며 실을 당긴다. 여기까지의 과정을 필요한 콧수가 될 때까지 반복한다.

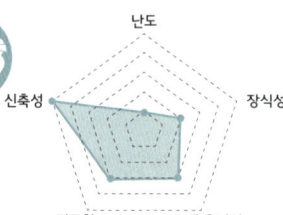

Twisted Loop Cast On
트위스티드 루프 캐스트 온

루프 CO(→P.44)를 말 그대로 한 번 꼬아주는 기법이며, 코를 여러 개 늘릴 때 코늘리기 방법으로도 쓸 수 있습니다. 검지를 빙글 돌려서 고리 밑부분을 꼬아놓으면 루프 CO의 불안정함과 다음 단의 뜨기 어려움을 완화해줍니다. 토대 부분에 꼬아놓은 코가 남기 때문에 루프 CO보다 존재감이 나타납니다.

Part 1 CO · 감아코' 계열의 시작코

1. 뜨개바늘과 실끝을 왼손으로 잡고 실을 오른손 검지, 엄지의 순서대로 걸어서 팽팽하게 편다.

2. 검지의 첫 번째 마디에 실을 건 상태로 **손끝을 ★방향으로 한 바퀴 돌려서 원래 위치로 되돌린다**.

3. 검지에 걸린 고리에 **손끝 쪽에서** 바늘 끝을 넣는다.

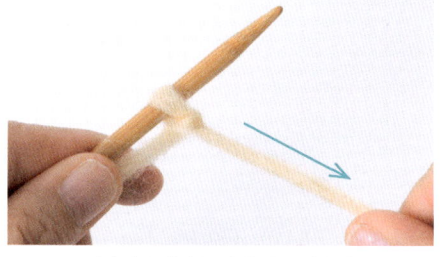

4. 고리에서 손가락을 빼며 실을 당긴다. 여기까지의 과정을 필요한 콧수가 될 때까지 반복한다.

Twisted Cast On
트위스티드 캐스트 온

트위스티드 루프 CO의 좌우 반전 버전. 백워즈 루프 CO(→P.45)와 마찬가지로 활용할 수 있어서 보다 안정감 있는 시작코입니다. 코가 빡빡해져서 다음 단을 뜨기 어려울 수 있는데, 바늘 끝의 가는 부분으로 작업하면 수월합니다. 이 시작코는 트위스티드 루프 CO의 과정을 좌우 반대로 하는 방법으로도 만들 수 있으며, 마찬가지로 아래에 소개한 각 과정을 좌우 반대로 하면 엄지에 손가락을 거는 방법으로 트위스티드 루프 CO를 만들 수 있습니다.

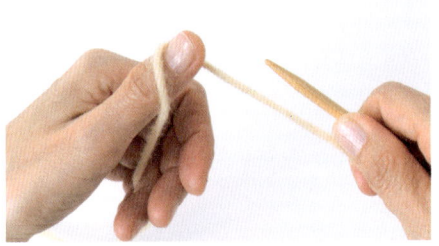

1. 뜨개바늘과 실끝을 오른손으로 잡고 실을 왼손 엄지에 걸어서 팽팽하게 편다.

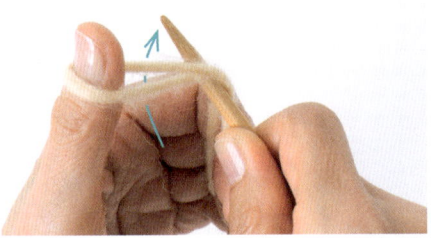

2. **엄지에 걸린 실 2가닥을** 오른쪽 바늘로 앞쪽에서 뒤쪽으로 떠 올린다.

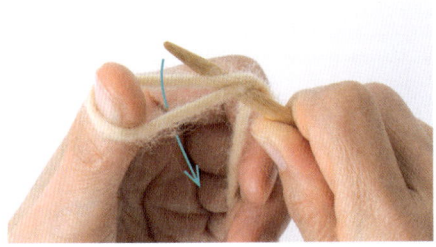

3. 바늘 끝을 **엄지의 고리에 위에서 넣고** 앞쪽으로 빼낸다.

4. 고리에서 엄지를 빼며 실을 당긴다. 여기까지의 과정을 필요한 콧수가 될 때까지 반복한다.

     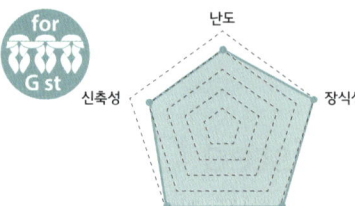

Double Chain Cast On
더블 체인 캐스트 온

사슬코가 나란히 놓인 모양이 되는 시작코입니다. 대바늘로만 만드는 방법도 있지만 여기에서는 좀 더 수월하게 작업할 수 있는 코바늘을 사용하는 방법을 소개합니다. 토대 부분에 사슬코 2줄이 생기므로 강도가 높아지고 장식성도 더해집니다.

1.

실끝을 10cm 정도 남겨서 슬립 노트를 만들어 대바늘에 걸고(슬립 노트는 시작코에 포함하지 않는다) 오른쪽에 코바늘을 붙여 양쪽을 왼손으로 잡는다.

2.

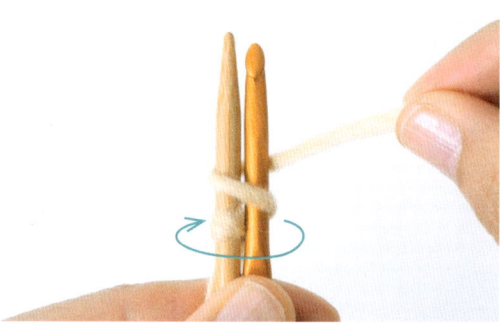

뜨는 실을 **두 바늘에** 시계방향으로 감는다.

Part 1 CO

'떠서 만드는' 시작코

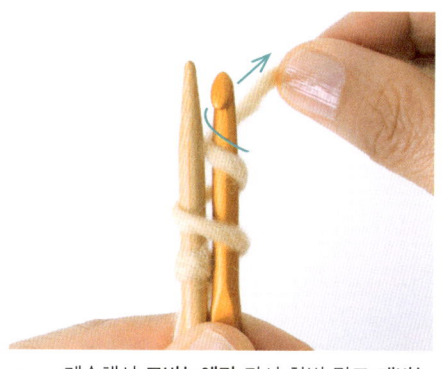

3. 계속해서 **코바늘에만** 다시 한번 감고 **대바늘 과 코바늘 사이에서 실을 뒤쪽으로 빼낸다.**

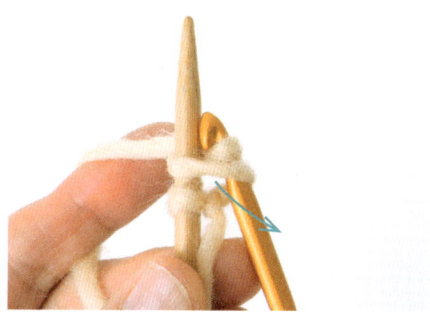

4. 3에서 감은 실을 코바늘에 걸고 2에서 감은 실 1가닥에서 빼낸다.

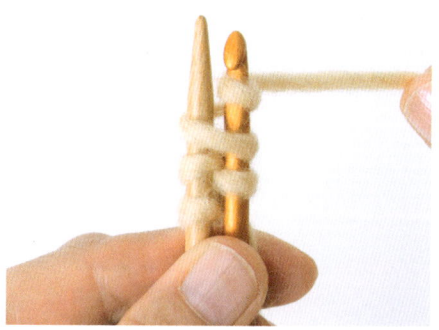

5. 코바늘을 원래 위치로 되돌리고 2~3과 같은 요령으로 실을 감는다.

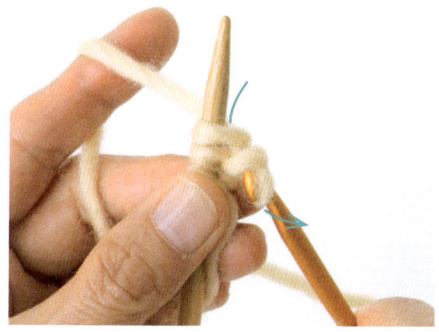

6. 마지막으로 감은 실을 코바늘에 걸고 코바늘에 걸린 고리 2가닥 안으로 한 번에 빼내서 원래 위치로 되돌린다.

1코를 사슬뜨기한다

7. 필요한 **콧수-1코**가 될 때까지 5~6을 반복하고 마지막에 코바늘로 1코를 사슬뜨기한다.

8. 사슬뜨기를 대바늘로 옮기고(**코바늘의 갈고리 쪽에서** 대바늘의 바늘 끝을 고리에 넣어 옮긴다) 시작코의 마지막 코로 한다. 슬립 노트는 다음 단에서 풀어낸다.

Knitted Cast On
니티드 캐스트 온

'떠서 만드는 시작코'의 대표 격입니다. '롱테일 CO'처럼 실끝이 부족해지거나 쓸데없이 남지 않는다'는 이유로 애용하는 니터들이 많은 기법입니다. 시작코는 왼쪽에서 오른쪽으로 생기기 때문에(왼쪽 바늘에 시작코를 건다) 왕복뜨기의 경우 다음 단은 뜨개바탕을 뒤집지 않고 그대로 뜨기 시작합니다. 손놀림에 따라 바늘이 걸리는 코가 빡빡해지거나 느슨해지기 쉬우므로 빡빡해지는 경우 바늘을 굵은 것으로 바꾸고 느슨해지는 경우 바늘을 가는 것으로 바꿔서 조정합니다.

1. 실끝을 10cm 정도 남겨서 슬립 노트를 만들고 왼쪽 바늘에 건다.

2. 뜨는 실을 뒤쪽에 놓고 슬립 노트에 겉뜨기한다(**왼쪽 바늘의 코는 빼지 않는다**).

3. 오른쪽 바늘을 위로 향하게 하고 왼쪽 바늘을 **아래에서** 오른쪽 바늘의 고리에 넣는다.

4. 오른쪽 바늘을 빼면 두 번째 코가 생긴다. 완성된 코에 2~4를 반복해서 필요한 콧수만큼 만든다.

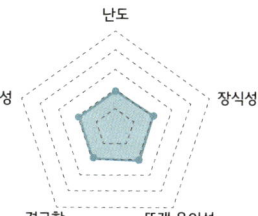

Purled Cast On
펄드 캐스트 온

니티드 CO의 안뜨기 버전입니다. 이 기법도 왼쪽에서 오른쪽으로 시작코가 생기기 때문에(왼쪽 바늘에 시작코를 건다) 왕복뜨기의 경우 다음 단은 뜨개바탕을 뒤집지 않고 뜨기 시작합니다. 안메리야스뜨기에 시작코 모양을 맞추고 싶을 때 편리한 기법입니다. 또한 다음 단부터 메리야스뜨기를 원통으로 뜨고 싶을 때, 시작코를 다 뜨고 나면 뜨개바탕을 뒤집어서 원통으로 만드는(시작코의 안쪽[겉뜨기 쪽]을 겉으로 한다) 방법도 사용할 수 있습니다.

1. 실끝을 10cm 정도 남겨서 슬립 노트를 만들고 왼쪽 바늘에 건다. 이것이 첫 번째 코.

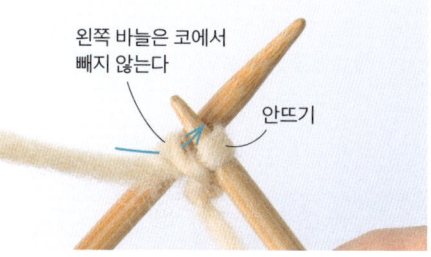

2. 뜨는 실을 앞쪽에 놓고 슬립 노트에 안뜨기한다(**왼쪽 바늘의 코는 빼지 않는다**).

3. 왼쪽 바늘을 오른쪽 바늘의 **바늘 끝 쪽에서** 고리에 넣는다.

4. 오른쪽 바늘을 빼면 두 번째 코가 생긴다. 완성된 코에 2~4를 반복해서 필요한 콧수만큼 만든다.

Tip
니티드 & 펄드 캐스트 온의 요령과 활용법

니티드 CO와 펄드 CO는 처음엔 롱테일 CO보다 조금 더 번거롭게 느껴지는데, 익숙해지면 '오른쪽 바늘을 빼지 않고 이어서 다음 코를 만드는' 뜨개 방법을 꼭 시험해보기 바랍니다. 각각의 과정 4에서 오른쪽 바늘을 고리에서 빼지 않은 채로 오른쪽 바늘을 니티드 CO라면 다음의 겉뜨기, 펄드 CO리면 다음의 안뜨기를 뜰 수 있는 위치로 이동하면 됩니다. 참고로 이때 다음에 뜨는 코를 니티드 CO는 안뜨기, 펄드 CO는 겉뜨기로 해서 겉뜨기와 안뜨기를 번갈아 하면 고무뜨기용 시작코가 됩니다.

〈'오른쪽 바늘을 빼지 않는 니티드 CO' 뜨는 방법〉

1. 니티드 CO(→P.50)의 3에서 오른쪽 바늘의 고리에 왼쪽 바늘을 넣고 나면 고리 안에서 오른쪽 바늘 끝을 화살표처럼 움직여서 왼쪽 바늘 끝의 뒤쪽으로 옮긴다.

2. 오른쪽 바늘 끝이 다음의 겉뜨기를 할 수 있는 위치에 왔으니, 계속해서 다음의 겉뜨기를 시작한다.

〈니티드 CO와 펄드 CO로 시작코를 만든 고무뜨기〉

니티드 CO와 펄드 CO를 번갈아 뜨는 '니트펄 캐스트 온Knit-Purl Cast On'에서 1코고무뜨기한 뜨개바탕.

니티드 CO와 펄드 CO를 2코씩 번갈아 뜨고 이어서 2코고무뜨기한 뜨개바탕.

Part 1 CO
'떠서 만드는' 시작코

    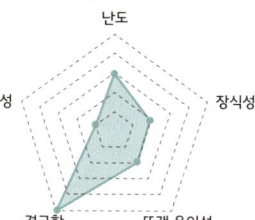

Cable Cast On
케이블 캐스트 온

'떠서 만드는 시작코'의 다른 버전. 가장 먼저 니티드 CO(→P.50)로 2코를 만들고, 그다음에는 2코 사이에 오른쪽 바늘을 넣어서 겉뜨기하듯이 해서 왼쪽에서 오른쪽으로 코를 만듭니다(왼쪽 바늘에 시작코를 건다). 이 방식에서는 토대에 걸쳐지는 실이 2가닥이 되어 잘 늘어나지 않고 튼튼한 시작코가 됩니다. 왕복뜨기의 경우 다음 단은 뜨개바탕을 뒤집지 않고 그대로 뜨기 시작합니다.

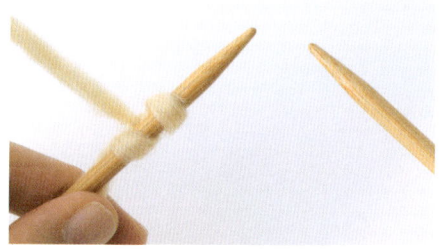

1. 니티드 CO(→P.50)로 2코를 만든다.

2. **첫 번째 코와 두 번째 코 사이**에 오른쪽 바늘을 앞쪽에서 뒤쪽으로 넣고 **겉뜨기하는 요령**으로 실을 걸어 빼낸다.

3. 오른쪽 바늘 끝을 위로 향하게 놓고 왼쪽 바늘을 고리 **아래쪽에서** 넣는다.

4. 오른쪽 바늘을 빼면 세 번째 코가 생긴다. 오른쪽 가장자리의 2코에 2~4를 반복해서 필요한 콧수만큼 만든다.

    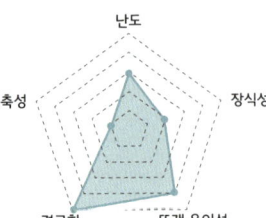

Purled Cable Cast On
펄드 케이블 캐스트 온

겉뜨기 모양이 되는 케이블 CO(→P.53)의 안뜨기 버전입니다. 니티드 CO(→P.50)의 안뜨기 버전인 펄드 CO(→P.51)와 같은 느낌이며 역시 왼쪽에서 오른쪽으로 코를 만들어갑니다(왼쪽 바늘에 시작코를 건다). 펄드 CO와 똑같은 방법으로 사용할 수 있는, 잘 늘어나지 않고 튼튼한 시작코입니다.

1. 펄드 CO(→P.51)로 2코를 만든다.

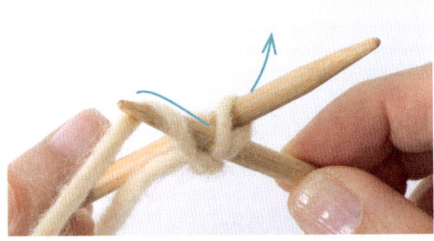

2. **첫 번째 코와 두 번째 코 사이에** 오른쪽 바늘을 뒤쪽에서 앞쪽으로 넣고 **안뜨기하는 요령**으로 실을 걸어 빼낸다.

3. 왼쪽 바늘을 오른쪽 바늘의 **바늘 끝 쪽에서** 고리에 넣는다.

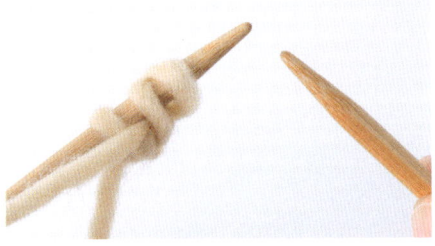

4. 오른쪽 바늘을 빼면 두 번째 코가 생긴다. 오른쪽 가장자리의 2코에 2~4를 반복해서 필요한 콧수만큼 만든다.

Tip
니티드&케이블 캐스트 온을 2색으로 만든다

니티드 CO와 케이블 CO는 둘 다 2색으로도 만들 수 있습니다. 아래에서는 케이블 CO의 2색 버전(투컬러 케이블 캐스트 온 Two-Color Cable Cast On)의 작업 과정을 소개하는데 니티드 CO를 2색으로 만들 경우에도 요령은 똑같습니다. 가장 먼저 2색(실 2가닥 겹치기)으로 슬립 노트를 만들고 실 2가닥을 양손으로 잡고 번갈아 가며 시작코를 만듭니다. 슬립 노트는 그대로 2코로 하는데 슬립 노트 밑부분의 매듭이 눈에 띄어 신경 쓰인다면 2코를 여분으로 만들어 슬립 노트를 다음 단에서 풀어내는 방법도 있습니다.

〈투컬러 케이블 캐스트 온〉

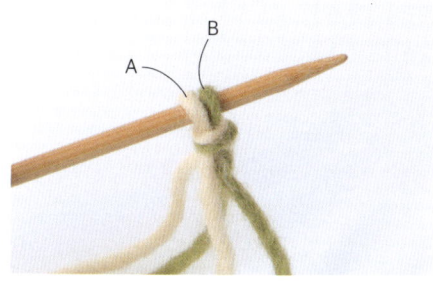

1. 실끝을 10cm 정도 남겨서 실 2가닥(2색)으로 슬립 노트를 만들고 왼쪽 바늘에 건다. 첫 번째 코로 만들고 싶은 색을 왼쪽으로 한다. 왼쪽 실을 A, 오른쪽 실을 B로 한다.

2. 실 2가닥을 1가닥은 오른손, 다른 1가닥은 왼손으로 잡고 각각 검지에 건다.
※ A, B는 좌우 어느 쪽이든 상관없다.

3. 슬립 노트를 처음 2코로 하고 세 번째 코 이후는 A, B를 번갈아 가며 사용해 케이블 CO(→P.53)로 필요한 콧수가 될 때까지 시작코를 만든다. 오른손에 건 실(B)로 뜰 때 <u>A의 위쪽에서 뜨는지 아래쪽에서 뜨는지</u>에 따라 토대 부분의 모양이 달라지므로 취향에 맞게 선택한다. 코가 빡빡해지기 쉬우므로 실을 지나치게 조이지 않도록 주의해서 필요한 콧수만큼 만든다. 시작코를 잡고 다음 단부터는 1색으로 뜨는 경우 마지막에 사용하지 않는 실을 자른다.

◎ B를 A의 '위쪽'에서 뜬다 — A의 위쪽에서 B를 오른쪽 바늘에 건다

◎ B를 A의 '아래쪽'에서 뜬다 — A의 아래쪽에서 B를 오른쪽 바늘에 건다

   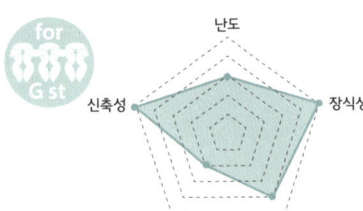

Picot Edge Cast On
피코 에지 캐스트 온

니티드 CO와 덮어씌워 코막음을 조합한 시작코입니다. 원래 필요한 시작코에 피코용으로 덮어씌울 콧수를 추가해 만들고, 덮어씌워 코막음으로 피코를 만듭니다. 피코의 크기와 간격은 시작코와 덮어씌운 콧수로 조정할 수 있습니다(P.57의 Tip 참조).

1. 니티드 CO(→P.50)로 5코를 만든다.

2. 만든 코 중 2코를 겉뜨기한다.

3. 뜬 코 중 첫 번째 코를 두 번째 코에 덮어씌운다(1코 덮어씌우기).

4. 만든 코 중 세 번째 코를 겉뜨기하고 뜬 코에 오른쪽 바늘의 가장 오른쪽 코를 덮어씌운다.

5. 오른쪽 바늘에 남은 코를 왼쪽 바늘로 되돌린다. 첫 번째 피코가 완성되며 3코가 남는다.

6. 니티드 CO(→P.50)로 4코를 만든다.

7. 2~5를 반복한다. 두 번째 피코가 완성되며 2코가 늘어난다.

8. 필요한 콧수에 가까워질 때까지 6~7을 반복하고 끝부분의 콧수는 **니티드 CO**로 조정한다.

Tip
피코의 길이와 간격의 구조 —시작코

피코 에지 CO는 두 번째 피코부터는 6에서 만드는 4코 중 왼쪽에서 첫 번째 코가 앞에 만든 피코와의 간격(ⓐ), 두 번째 코가 피코의 토대(ⓑ), 세 번째와 네 번째 코가 피코(ⓒ)가 됩니다. 즉 ⓐ의 콧수를 늘리면 간격이 넓어지고 ⓒ의 콧수를 늘려서 그만큼 덮어씌우는 콧수가 늘어나면 피코가 길어집니다. 뜨고 싶은 작품에 맞춰서 원하는 균형을 검토해보세요. 또한 뜨개바탕 양쪽 가장자리를 피코로 뜨고 싶은 경우 가장 먼저 만드는 시작코를 'ⓒ(피코의 콧수)+2코'로 하고 마지막은 5로 끝냅니다.

기본 피코 에지 CO (ⓐ가 1코)

(ⓐ를 3코로 한 예)

〈기호도 이미지〉

〈기호도 이미지〉

Ⓒ 시작코   ● 덮어씌워 코막음 | 겉뜨기

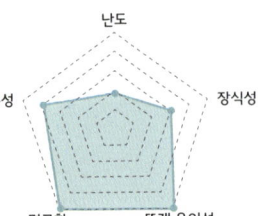

Crocheted Chain Cast On
크로셰티드 체인 캐스트 온

일반적으로 '바탕실 사슬뜨기(공통의 사슬뜨기)로 만드는 시작코'라고 하는 방법과 모양이 같은 시작코인데 과정이 다릅니다. '바탕실 사슬뜨기로 만드는 시작코'는 먼저 사슬뜨기를 하고 그 사슬 코산을 주워서 첫 단을 뜹니다. 하지만 크로셰티드 체인 CO는 코산을 대바늘에 걸면서 시작코를 만들기 때문에 '사슬 코산을 줍는' 작업이 필요 없습니다. 다음 단을 뜨면 바탕실 사슬뜨기로 만드는 시작코에서 코산을 다 주워서 뜬 것과 같은 상태가 됩니다. 번거로운 '코줍기' 없이 바탕실 사슬뜨기로 만드는 시작코를 만들 수 있는 기법입니다.

1.

실끝을 10cm 정도 남기고 슬립 노트를 만들어서 코바늘에 건다. **왼손으로 대바늘, 오른손으로 코바늘과 실끝**을 잡는다. 뜨는 **실을 대바늘 뒤쪽에서** 왼손 검지에 건다.

2.

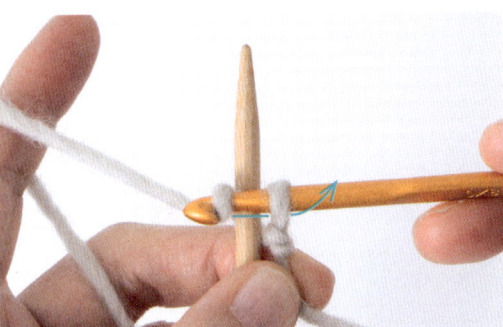

대바늘 앞쪽에서 코바늘에 실을 걸어 빼서 사슬뜨기한다.

3.

코바늘로 뜨는 실을 누르듯이 해서 뜨는 실을 대바늘 뒤쪽으로 되돌린다.

뜨는 실을 대바늘 뒤쪽으로 되돌린다

4.

필요한 콧수-1코가 될 때까지 2~3을 반복하고 마지막은 코바늘의 고리를 대바늘로 옮기면 끝난다. 옮길 때 고리의 방향은 정해진 것이 없지만 코바늘의 갈고리 쪽에 대바늘 끝을 넣어서 옮겨야 꽉 조여진다.

Tip
'프로비저널 캐스트 온'을 만드는 방법과 풀어내는 방법

'프로비저널 캐스트 온Provisional Cast On'은 '나중에 풀어내는 시작코'를 뜻합니다. '별도의 사슬뜨기로 만드는 시작코'라고도 알려져 있지요. 별도의 실로 뜬 사슬의 코산을 주워서 첫 단을 뜨고 마지막에 사슬뜨기를 풀어서 역방향으로 뜨는 방법입니다. 흔히 쓰이는 기법인데, '크로셰티드 체인 CO'를 별도의 실로 만들면 똑같이 작업할 수 있습니다. 하지만 이 경우 필요한 콧수가 될 때까지 2~3을 반복한 후 마지막 사슬뜨기는 대바늘에 옮기지 않고 실을 빼서 매듭짓고 자릅니다. 이 방법은 '크로셰티드 체인 프로비저널 캐스트 온Crocheted Chain Provisional Cast On'이라고 합니다.

〈'크로셰티드 체인 프로비저널 캐스트 온'을 풀어내는 방법〉

1. 시작코의 마지막 매듭을 풀어내서 왼쪽 가장자리의 뜨개코에 대바늘을 찔러 넣는다.

2. 시작코를 풀어내면 뜨개코를 대바늘로 옮긴다.

3. 1~2를 반복해서 모든 뜨개코를 대바늘로 옮긴다.

    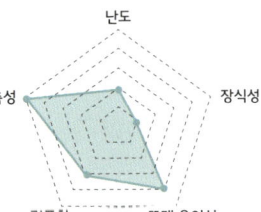

Invisible Cast On
인비저블 캐스트 온

프로비저널 CO(나중에 풀어내는 시작코)의 일종이며 별도의 사슬뜨기로 만드는 시작코(→P.59)를 대신하는 훨씬 더 손쉬운 방법입니다. 오픈 캐스트 온Open Cast On라고 불리기도 합니다. 별도의 실이 바늘 대신 뜨개코에 끼워진 상태가 되므로 나중에 반대쪽을 뜰 때는 별도의 실이 지나간 부분에 바늘을 끼워 넣은 후 별도의 실을 빼내기만 하면 돼서 간단합니다. 하지만 빡빡해지기 쉬우므로 느슨하게 만들거나 본체용보다 굵은 바늘을 사용하면 좋을 것 같습니다.

1.
실끝을 10cm 정도 남기고 뜨는 실(A)과 별도의 실(B)을 사용해 슬립 노트를 만든 후 별도의 실을 앞쪽으로 해서 오른쪽 바늘에 건다.

2.
A와 B 사이에 왼손 엄지와 검지를 넣어서 검지에 A, 엄지에 B를 걸고 실은 2가닥 다 손바닥으로 쥔다.

3. 바늘 끝을 앞쪽에서 **엄지 안쪽의 B 아래쪽으로 통과시킨다.**

4. **검지 안쪽의 A를 위쪽에서 걸고 B 아래쪽으로 통과시켜** 앞쪽으로 빼낸다. 바늘에는 A가 걸려 있고 첫 번째 코가 된다.

5. 바늘 끝으로 **검지 안쪽의 A를 뒤쪽에서 떠 올려** 바늘 끝에 A를 건다. 이것이 두 번째 코가 된다.

6. 가능한 한 **일정한 간격을 벌리며** 필요한 콧수가 될 때까지(슬립 노트는 콧수에 포함하지 않는다) 3~5를 반복한다.

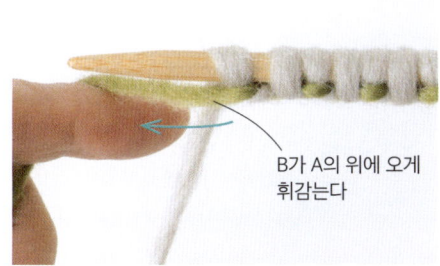

B가 A의 위에 오게 휘감는다

7. 콧수를 짝수로 하는 경우 마지막에 **B가 A의 위에 오게 휘감아서 시작코를 고정한 후 뜨개** 바탕을 뒤집는다. 홀수로 하는 경우 4에서 끝나며 그대로 다음 단으로 진행한다.

슬립 노트를 풀어낸다

8. 다음 단을 뜨고 마지막에 슬립 노트를 풀어낸다. 나중에 시작코 반대쪽을 뜰 때는 바늘을 뜨개코에 넣은 후 별도의 실을 살살 당겨서 풀어낸다.

    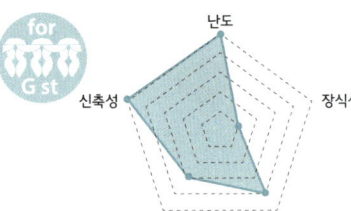

Italian Tubular Cast On
이탈리안 튜뷸러 캐스트 온

이탈리안 CO는 이른바 '1코고무뜨기의 시작코'입니다. 이 시작코를 만든 후 겹단뜨기 모양의 고무뜨기를 하는 튜뷸러 CO를 더하면 시작코 부분이 볼록하게 두께를 지닌 1코고무뜨기의 시작코가 됩니다. 신축성이 뛰어나서 모자, 의류에도 추천합니다. 손놀림에 따라 뜨개코가 느슨해지기 쉬우므로 이를 피하고 싶다면 고무뜨기용 바늘보다 훨씬 가는 바늘로 뜨는 것이 좋습니다.

◎ 이탈리안 CO(1코고무뜨기의 시작코)

1.
실끝에서 뜨고 싶은 폭의 **3배 정도** 되는 위치를 중심(★)으로 해서 실끝 쪽을 왼손 엄지, 뜨는 실 쪽을 왼손 검지에 걸고 ★에 오른쪽 바늘을 댄다. 이때 <u>첫 번째 코를 안뜨기하는 경우는 ⓐ, 겉뜨기하는 경우는 ⓑ</u>처럼 걸어서(ⓐ 상태에서는 바늘 끝을 시계방향으로 한 바퀴 돌린다) 다음 단계는 ⓐ라면 2, ⓑ라면 5로 진행한다.

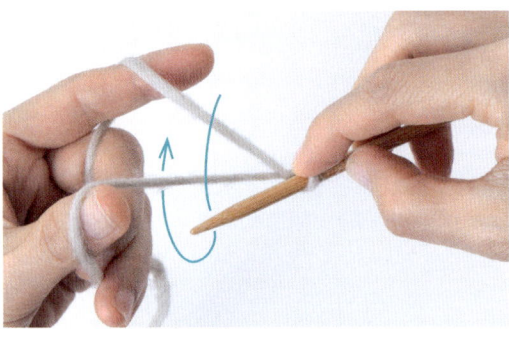

2.
〈겉뜨기 만드는 방법①〉 바늘 끝을 앞쪽에서 왼손 엄지의 실 아래쪽으로 통과시킨다.

Part 1 CO · 용도가 있는 시작코

3. 〈겉뜨기 만드는 방법②〉 바늘 끝에 **왼손 검지의 실을 위에서** 걸어 원래 위치로 되돌린다.

4. 〈겉뜨기 만드는 방법③〉 바늘에 검지의 실이 걸려 있는데 이것이 겉뜨기가 된다.

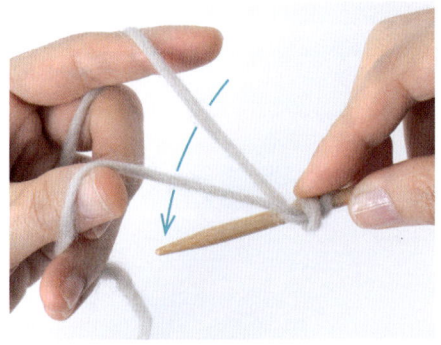

5. 〈안뜨기 만드는 방법①〉 바늘 끝을 실 2가닥의 **뒤쪽에서 아래로** 내린다.

6. 〈안뜨기 만드는 방법②〉 바늘 끝에 **엄지의 실을 앞쪽에서** 걸고 **검지의 실 뒤쪽에서** 원래 위치로 되돌린다.

7. 〈안뜨기 만드는 방법③〉 바늘에 엄지의 실이 걸리며 이것이 안뜨기가 된다.

실의 꼬임이 풀리지 않게 주의한다

8. 필요한 콧수가 될 때까지 2~7을 반복한다. 4나 7에서 끝내며 마지막은 실 **2가닥이 꼬인 상태로** 유지해서 뜨개바탕을 뒤집는다.

◎ 튜뷸러 CO 뜨는 방법(이탈리안 CO+겹단뜨기)

〈왕복뜨기 : 양끝이 안뜨기 1코인 1코고무뜨기의 경우〉

다음 단(2단, 안단) : '겉뜨기, 걸쳐뜨기'를 반복하고 마지막은 겉뜨기한다.
3~5단 : 아랫단에서 겉뜨기한 코를 걸쳐뜨기, 걸쳐뜨기한 코는 겉뜨기한다.
※ 여기까지 겹단뜨기.
6단 : 아랫단에서 겉뜨기한 코를 안뜨기, 걸쳐뜨기한 코를 겉뜨기한다(1코고무뜨기).
7단 이후 : 1코고무뜨기한다.

〈왕복뜨기 : 양끝이 겉뜨기 1코인 1고고무뜨기의 경우〉

다음 단(2단, 안단) : '걸쳐뜨기, 겉뜨기'를 반복하고 마지막은 걸쳐뜨기한다.
3~5단 : 아랫단에서 겉뜨기한 코를 걸쳐뜨기, 걸쳐뜨기한 코는 겉뜨기한다.
※ 여기까지 겹단뜨기.
6단 : 아랫단에서 겉뜨기한 코를 안뜨기, 걸쳐뜨기한 코를 겉뜨기한다(1코고무뜨기).
7단 이후 : 1코고무뜨기한다.

〈원통뜨기 : 겉뜨기 시작, 짝수 코의 1코고무뜨기〉

시작코 : 시작코는 장갑바늘 1개로 만들고 시작코가 끝나면 전체 코를 최대한 균등하게 바늘 3~4개에 나눠서 원통으로 만든다(2단의 첫 코를 뜬다).
※ 콧수가 많은 경우에는 줄바늘을 사용해도 좋다. 하지만 장갑바늘이든 줄바늘이든 이 시작코는 불안정해서 꼬이거나 풀리기 쉽기 때문에 원통으로 뜰 때는 신중하게 뜬다.

다음 단(2단, 겉단) : 첫 번째 겉뜨기를 해서 시작코를 원통으로 만든 상태에서 '걸쳐뜨기, 겉뜨기'를 반복한다.
3단 : '걸러뜨기', '걸쳐뜨기'를 반복한다
4단 : '겉뜨기, 걸러뜨기'를 반복한다.
5단 : '걸러뜨기, 안뜨기'를 반복한다.
※ 여기까지 겹단뜨기.
6단 : '겉뜨기1, 안뜨기1'을 반복한다(1코고무뜨기).
7단 이후 : 1코고무뜨기한다.

2색으로 만드는 이탈리안 캐스트 온

2색으로 만드는 이탈리안 CO(투컬러 이탈리안 캐스트 온Two-Color Italian Cast On)는 2색 고무뜨기나 2색 브리오슈뜨기용으로 추천하는 기법입니다. 1색과의 차이는 2색의 실 2가닥으로 만든 슬립 노트로 시작한다는 것뿐입니다. 첫 번째 코로 만들고 싶은 색을 검지에 겁니다. 하지만 2색 이탈리안 CO는 실을 꼬아가며 만들기 때문에 만든 코가 바늘 위에서 나선 모양이 되기 쉽습니다. 특히 콧수가 많은 경우에는 '라이프라인'(가는 면사 등 잘 얽히지 않는 실을 추천)을 떠 넣으면 뜨개코가 정돈되어서 콧수를 세기도 쉬워집니다.

〈투컬러 이탈리안 CO〉

슬립 노트

실끝을 10cm 정도 남기고 실 2가닥으로 슬립 노트를 만들어 오른쪽 바늘에 건다. 첫 번째 코로 만들고 싶은 색을 왼손 검지, 두 번째로 만들고 싶은 색을 왼손 엄지에 걸고 '이탈리안 CO'(→P.62)를 만든다. 슬립 노트는 다음 단에서 풀어낸다.

〈라이프라인을 사용한 투컬러 이탈리안 CO〉

라이프라인

1. 라이프라인용 실을 더해서 실 3가닥으로 슬립 노트를 만들어 오른쪽 바늘에 건다.

2. 라이프라인은 앞쪽에 늘어뜨려놓고 2색의 실로 5코를 만든다.

3. 라이프라인을 **2색의 실 위에서 뒤쪽으로** 이동시킨다.

4. 다시 5코를 만들고 나면 라이프라인을 **2색의 실 위에서 앞쪽으로** 되돌린다.

5. 필요한 콧수가 될 때까지 2~4를 반복한다.

6. 라이프라인을 당겨서 비틀어진 뜨개코를 바로잡는다.

    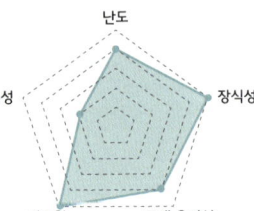

I-cord Cast On
아이코드 캐스트 온

먼저 아이코드(메리야스뜨기를 원통으로 뜬 끈 모양 뜨개바탕)를 뜨고 아이코드단에서 코를 줍는 기법입니다. 왼쪽의 샘플 사진에서는 아이코드와 본체를 같은 색으로 떠서 아이코드 부분의 모양을 눈에 띄게 했는데, 다음 페이지의 과정 사진에 나온 대로 아이코드와 본체를 다른 색으로 하는 응용 방법도 추천합니다.

1.
장갑바늘(바늘이 짧아야 뜨기 쉽다)에 원하는 방법(오른쪽→왼쪽의 방법)으로 3코(또는 뜨고 싶은 코드의 굵기에 맞춘 콧수)를 만든다. 이것이 첫 번째 단이 된다.

※ 뜨개바탕의 왼쪽 가장자리를 아이코드식 테두리뜨기하는 경우 나중에 코를 줍기 쉽게 시작코를 느슨하게 만든다.

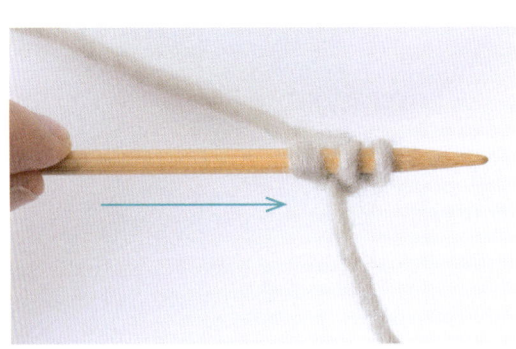

2.
뜨개바탕을 뒤집지 않고 뜨개코를 바늘 왼쪽 끝에서 오른쪽 끝으로 미끄러뜨려서 장갑바늘을 왼손으로 바꿔 잡는다.

3. **뜨개바탕의 뒷면에서 뜨는 실을 뜨기 시작한 쪽에 가까이 끌어당겨서 겉뜨기 3코를 뜬다.** 이것이 두 번째 단.

4. <u>2~3</u>을 반복해서 **필요한 콧수와 같은 단수가** 될 때까지 아이코드를 뜬다.

3코에 실끝을 통과시켜서 조인다

5. 실을 자르고 마지막 3코에 통과시켜서 꽉 조인다(뜨개바탕의 오른쪽 가장자리를 아이코드식 테두리뜨기하는 경우에는 3코를 본체용 바늘에 옮기고 실은 자르지 않은 채 다음으로 진행한다).

6. 본체용 바늘과 새로운 실의 실끝을 오른손으로 잡는다. 아이코드의 마지막 단 1코에 바늘을 넣고 실을 걸어서 뺀다(코를 줍는다. 실을 자르지 않았다면 같은 실로 줍는다).

1단마다 1코씩 줍는다

7. 6을 반복해서 **아이코드의 1단마다 1코씩 줍는** **다.** 코줍기를 하는 아이코드의 뜨개코 위치를 맞추고 세로로 똑바로 코를 줍는 것이 요령이다.

처음에 만든 3코에서도 줍는다

8. 뜨개바탕의 좌우를 아이코드식 테두리뜨기하는 경우에는 마지막에 <u>1</u>에서 만든 3코에서도 코를 줍고 이 3코와 <u>5</u>에서 쉰 3코를 테두리로 한다. 다음 단 이후 테두리 부분(처음 3코 / 마지막 3코)을 안단은 '걸쳐뜨기3 / 안뜨기3', 겉단은 '걸러뜨기3 / 겉뜨기3'으로 뜬다.

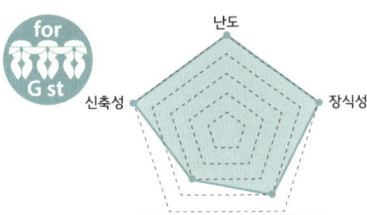

Picot Chain Cast On
피코 체인 캐스트 온

독특한 방식으로 레이스 브레이드 같은 띠 모양 뜨개바탕을 뜨고 비침무늬 부분에서 본체를 뜨는 기법입니다. 좌우 대칭인 브레이드 한쪽의 비침무늬가 아래쪽 가장자리에 남기 때문에 장식성이 더해집니다. 신축성도 좋아서 레이스무늬나 비침무늬 부분이 많은 뜨개바탕과의 조화가 뛰어납니다. 레이스 캐스트 온Lace Cast On이라고 불리기도 합니다.

1. 니티드 CO(→P.50)의 방법으로 2코를 만든다. 뜨는 실을 왼쪽 검지에 건다.

2. 오른쪽 바늘에 실을 건다.

3. 실은 뒤쪽으로 놓은 채 왼쪽 바늘의 코에 오른쪽 바늘을 안뜨기하듯이 넣어서 옮긴다.

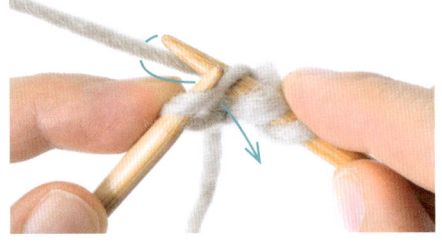

4. 왼쪽 바늘의 다음 코를 걸뜨기한다.

5. 3에서 옮긴 코를 4에서 뜬 코에 덮어씌운다.

6. 덮어씌운 모습.

7. 뜨개바탕을 뒤집는다.

8. 6에서 왼쪽 고리가 **필요한 콧수-1**이 될 때까지 2~7을 반복하고 6에서 끝난다.

9. 마지막은 남은 2코의 오른쪽 코를 왼쪽 코에 덮어씌운다.

10. 시작코를 시계방향으로 90도 돌려서 수평으로 잡는다.

11. **위쪽 고리에 앞쪽에서 오른쪽 바늘을 넣고** 실을 걸어서 빼낸다(코줍기한다).

12. 11을 반복해서 모든 고리에서 코줍기한다.

Circular Cast On
서큘러 캐스트 온

중심에서 방사형으로 코를 늘려가며 넓혀가는 원형 뜨개바탕용 시작코입니다. 모자, 숄 등 용도가 다양합니다. 바깥쪽에서 안쪽으로 뜨고 마지막에 조여서 코를 막는 뜨개 방법을 반대로 해서, 조여서 코막기부터 시작하는 것이 요령입니다. 이 시작코를 사용하면 모자는 톱다운, 원형 숄은 중심에서 바깥쪽으로 뜨면서 원하는 길이나 크기가 될 때까지 뜰 수 있습니다.

1.
실끝을 10cm 정도 남기고 고리를 만들어서 실끝을 아래쪽, 뜨는 실을 위쪽으로 한다. 고리의 밑부분(★)에서는 뜨는 실을 앞쪽으로 해서 실 2가닥을 교차시킨다.

2.
교차 부분(★)을 왼손의 엄지와 중지로 잡고, 뜨는 실은 검지에 건 후 다른 손가락으로 잡아 팽팽하게 편다.

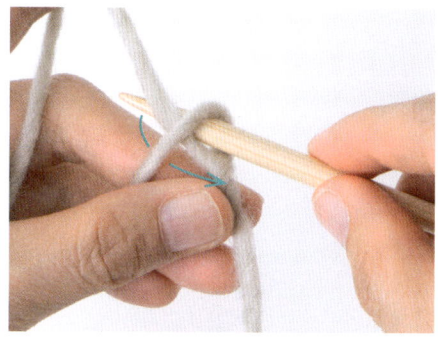

3. 뜨개바늘을 오른손에 잡고 **앞쪽에서 고리의 안으로 넣어서** 바늘 끝으로 뜨는 실을 위쪽에서 걸어 고리에서 빼낸다.

4. 바늘 끝에 뜨는 실이 걸리며 이것이 첫 번째 코가 된다.

5. **고리 바깥쪽에서** 실을 바늘에 건다. 이것이 두 번째 코가 된다.

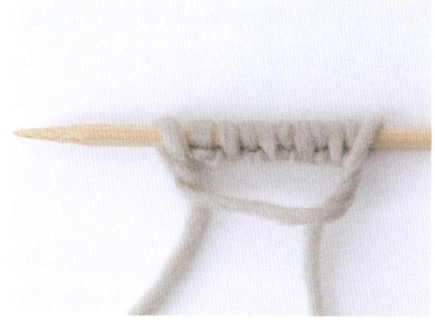

6. 고리 안에 바늘을 넣는 위치를 조금씩 이동하며 3~5를 반복하고 필요한 콧수만큼 만든다. **마지막은 4에서 끝난다.** 짝수 코가 필요한 경우에는 1코 적은 홀수 코로 끝난다.

7. 만든 코를 최대한 균등하게 장갑바늘 3~4개에 옮기고 다음 단 이후는 원형으로 뜬다. **짝수 코가 필요한 경우 다음 단의 맨 처음에 걸기코를 만들어서 1코를 늘린다.**

8. 몇 단을 뜨면 실끝을 당겨서 중심을 꽉 조인다.

Turkish Cast On
터키시 캐스트 온

발끝부터 뜨는 토업 양말에 쓰이는 일이 압도적으로 많으며 주머니 모양의 밑바닥부터 뜨는 유형의 시작코입니다. 실을 바늘에 감기만 하므로 같은 모양의 시작코 중에서는 가장 간단합니다. 겹단뜨기로 주머니 모양의 뜨개바탕을 뜰 때뿐만 아니라 한쪽 시작코를 쉽게 해놓고 나중에 쉽게 해둔 코에서 반대쪽으로 뜨는 방법도 사용할 수 있습니다. 긴 줄바늘 하나로 작은 원통 모양을 뜨는 '매직루프' 기술을 사용하므로 코드가 유연한 길이 80cm 이상의 줄바늘을 사용하세요.

1. 슬립 노트(콧수에는 포함하지 않는다)를 만들어서 줄바늘의 바늘 끝(바늘 끝①)에 건다.

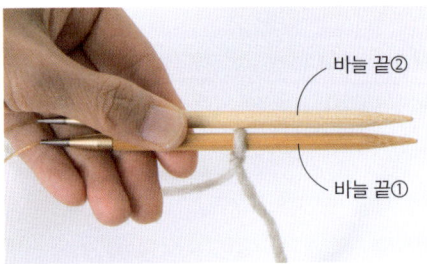

2. **바늘 끝①을 아래로** 하고 다른 바늘 한 개(바늘 끝②)를 평행하게 맞춰서 왼손으로 잡는다.

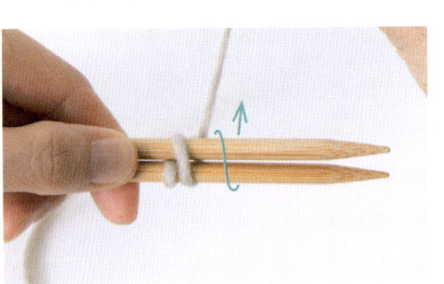

3. 바늘 뒤쪽부터 뜨는 실을 위→앞→아래→뒤 순으로 바늘 2개에 감는다.

4. 한 번 감을 때마다 위아래를 겹친 바늘에 1코씩 생긴다. 필요한 콧수만큼 감고 **뒤쪽에서 끝낸다**.

5. [다음 단] 아래쪽의 **바늘 끝①**을 바늘 끝 방향으로 뺀다(왼쪽에는 반드시 줄바늘의 코드를 남겨둔다).

6. 뺀 바늘 끝①을 오른손으로 잡고 바늘 끝②의 코를 겉뜨기한다.

7. 다 뜬 상태. 단의 절반 분량을 다 떴다.

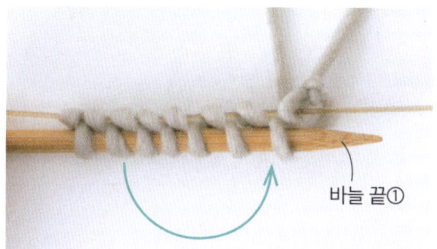

8. 전체를 **180도 회전**시킨다(뜨개바탕을 뒤집지 않고 수평으로 돌린다).

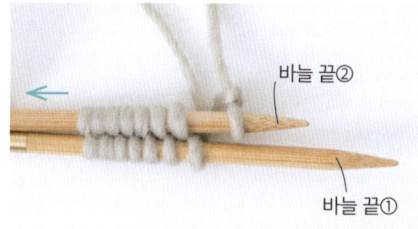

9. 위쪽이 된 **바늘 끝②의 코드를 왼쪽으로 밀어서** 코가 바늘 끝에 오게 한다.

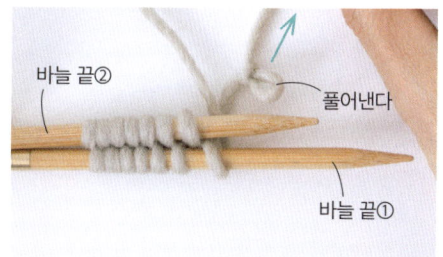

10. 바늘 끝②의 맨 앞에 있는 슬립 노트를 풀어낸다.

11. 5~7을 반복해서 나머지 절반을 뜨면 1단이 끝난다. 방향을 바꿔서 8, 9를 계속해서 뜬다.

12. 다음 단 이후에도 5~9를 반복해서(매직루프 요령으로) 떠간다.

Judy's Magic Cast On
주디스 매직 캐스트 온

이 시작코도 토업 양말용으로 니트 디자이너인 주디 베이커 씨가 고안했으며 양말 뜨기 유행과 함께 널리 알려졌습니다. 시작코가 꼬이는 문제는 첫 단의 나중에 뜨는 절반을 돌려뜨기해서 해결할 수 있습니다. 미리 시작코가 꼬이지 않게 실 거는 방법을 고안하거나, 작업하기 쉽게 '기본형'을 응용할 수도 있습니다. 코드가 유연한 길이 80cm 이상의 줄바늘을 사용하세요.

1.
실끝을 길게 남겨서 바늘 끝①에 건다.

2.
바늘 끝①을 위로 해서 바늘 끝 2개를 평행하게 맞춰서 오른손으로 잡는다. 실 2가닥은 아래의 바늘 끝②의 뒤쪽에 놓는다.

3. 롱테일 CO(→P.16)과 마찬가지로 실끝 쪽을 왼손 엄지, 뜨는 실 쪽을 왼손 검지에 건다.

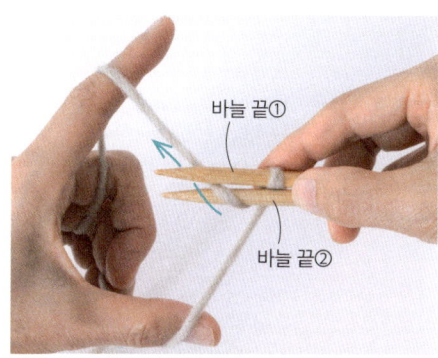

4. 검지의 실을 **바늘 끝②의 아래→앞→바늘 끝 2개 사이→바늘 끝①의 뒤** 순으로 건다. 아래의 바늘 끝②에 1코를 건다.

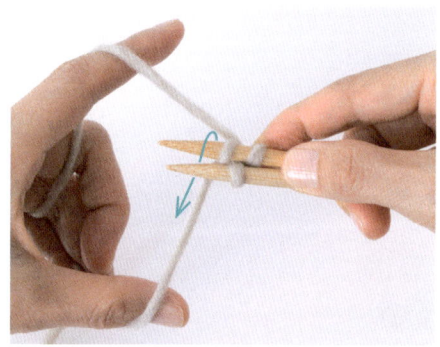

5. 엄지의 실을 **바늘 끝①의 위→앞→바늘 끝 2개 사이→바늘 끝②의 뒤** 순으로 건다. 위의 바늘 끝①에 1코를 건다.

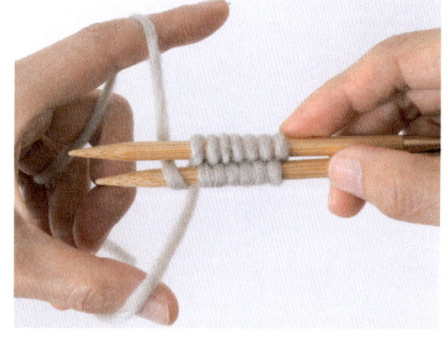

6. 필요한 콧수가 될 때까지 4~5를 반복한다. 마지막은 4에서 끝난다. 위아래의 바늘 끝에 같은 콧수가 생긴 것을 확인한다.

7. 전체를 180도 회전해 왼손으로 바꿔 잡는다. **실끝을 앞쪽으로 꺼내고** 뜨는 실에 감은 후에 다음 단을 뜬다.

8. 터키시 CO(→P.73)의 5~9와 같은 요령으로 뜨는데 첫 단만 나중에 뜨는 절반을 사진처럼 **오른쪽 바늘을 넣어서 돌려뜨기**한다.

Figure Eight Cast On
피겨 에이트 캐스트 온

피겨 에이트Figure Eight는 '8' 형태를 뜻합니다. 이 시작코도 토업 양말 등에 쓰일 때가 많은 기법입니다. 숫자 '8'을 그리듯이 2개의 바늘 끝에 실을 감기 때문에 기억하기 쉽지요. 실을 너무 빈틈없이 감으면 다음 단을 뜨기 어려워지므로 너무 빡빡하게 감지 않도록 주의하세요. 코드가 유연한 길이 80cm 이상의 줄바늘을 사용하세요.

Part 1 CO

용도가 있는 시작코

1. 줄바늘 2개의 바늘 끝을 가지런히 왼손으로 잡고 **실끝을 앞쪽으로** 해서 바늘 사이에 끼워 넣는다.

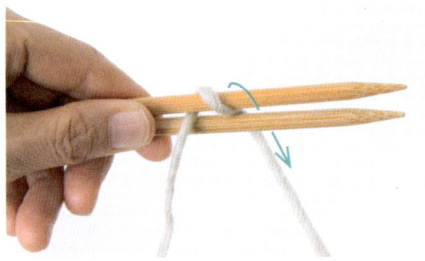

2. 바늘 끝②의 뒤쪽부터 위→앞→바늘 2개 사이 →바늘 끝①의 뒤 순으로 실을 감는다.

3. 바늘 끝 ①의 뒤쪽부터 아래→앞→바늘 2개 사이→바늘 끝②의 뒤 순으로 실을 감는다.

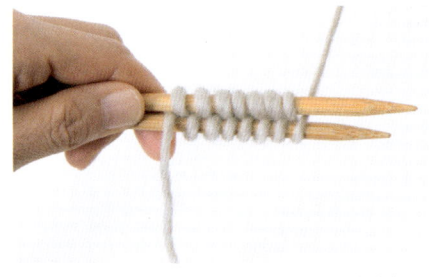

4. 위아래 합해서 필요한 콧수가 될 때까지 2~3을 반복한다. 그다음은 터키시 CO(→P.73)의 5~9와 같은 요령으로 뜬다.

Part 2 코막음

Tips for choosing a Bind Off

코막음, 잇기 선택을 위한 팁

뜨개 끝부분에서 남은 뜨개코가 풀리지 않게 하는 '코막음'과 뜨개바탕 두 장을 연결하는 '잇기' 기법. 시작코와 마찬가지로 어떤 기법을 선택하느냐에 따라 완성된 모습에 큰 차이가 생깁니다. 그럼 무엇을 기준으로 선택하면 좋을까요? 다섯 가지 팁을 소개합니다.

① 코막음, 잇기의 모양

'코막음'의 경우는 먼저 눈에 띄게 할 것인가, 눈에 띄지 않게 할 것인가가 첫 선택지입니다. 방향이 정해지면 각 기법의 레이더 차트에 있는 '장식성'과 완성 샘플 모양을 참고하여 목적과 취향에 어울리는 기법을 찾아보세요. 특히 장식성이 높은 기법에는 테두리뜨기를 겸한 방법도 있으므로 디자인의 일부로 도입해 보는 것도 추천합니다. 또는 '시작코 선택을 위한 팁'에서도 언급했듯이 시작코와 비슷한 모양의 기법을 선택해서 맞추는 것도 방법입니다.

'잇기'의 경우는 일반적으로 잇는 코가 '겉면에 영향을 주지 않는' 것을 중시하는데, 일부러 이은 자리를 겉면으로 드러내서 디자인에 포인트를 주거나 극태사로 뜬 의류의 착용감을 편하게 하기도 합니다. 그럴 때는 기법 페이지의 완성 샘플 '안면'에 주목해서 원하는 모양을 찾아보세요.

② 사용하는 도구

코막음, 잇기에는 대바늘 외에 코바늘, 돗바늘을 사용하는 기법도 있습니다. 사용하는 도구가 다르면 대충 아래의 표와 같은 차이가 생깁니다.

이러한 특징적 차이에도 주목해보면 지금 뜨고 있는 작품에 어울리는 기법을 알 수 있을 것입니다.

사용하는 도구	특징
대바늘	• 본체를 뜨던 도구로 계속해서 작업할 수 있으므로 다른 도구가 필요 없어서 합리적이다. • 다 뜨고 나서 막는 기법이 대부분이라서 코막음이 튼튼해진다. • 대바늘로만 할 수 있는 기법이 많다. • 사용하는 실을 가리지 않는다. • 텐션을 조정하기 어려워서 코가 빡빡해지거나 가지런하지 않게 되기 쉽다.
코바늘	• 다 뜨고 나서 막는 기법이 대부분이라서 코막음이 튼튼해진다. • 텐션을 조정하기 쉬우므로, 코막음이 빡빡해지거나 뜨개코가 가지런하지 않은 경우에 적합하다. • 사용하는 실을 가리지 않는다. • 코바늘로 할 수 있는 코막음 기법은 한정적이다.
돗바늘	• 눈에 띄지 않고, 단순하게 완성하는 기법이 많다. • 뜨개코에 실을 통과시키기만 하므로 내구성은 대바늘이나 코바늘을 사용한 것보다 떨어진다. • 사용하는 실을 여러 번 뜨개코에 통과시키므로 실이 끊어지기 쉽고 특히 굵은 실이나 실의 꼬임 수가 적은 감연사에는 적합하지 않다.

③ 신축성

시작코와 마찬가지로 코막음, 잇기에서도 신축성은 매우 중요합니다. 스웨터로 예를 들면 네크라인의 코막음에 적당한 신축성이 없으면 머리가 들어가지 않거나 반대로 오래 입어서 늘어난 것처럼 완성되기도 합니다. 또는 몸판에 어깨를 이을 때 적당한 신축성이 없으면 어깨선이 몸판보다 줄어들거나 반대로 늘어나기도 합니다. 완성도에 영향을 줄 뿐 아니라 기능적으로도 문제가 생깁니다.

코막음, 잇기 부분이 작품 전체에서 어떤 기능을 하는지 고려하여 어느 정도의 신축성이 필요하며 그 필요를 충족시키는 기법은 무엇인지 생각해보세요.

덧붙여서 옷의 가장자리, 양말이나 손모아장갑의 입구 등 착용하는 동안 피부에 자주 닿는 부분에는 내구성도 고려할 것을 추천합니다.

숄 종류는 대체로 뜨개바탕과 폭의 균형을 고려하기만 하면 되지만, 예를 들어 블로킹해서 뜨개코를 늘려 완성하는 레이스 숄이라면 블로킹해도 당기지 않는 코막음을 선택해야 하므로 역시 코막음의 신축성이 중요해집니다.

④ 뜨개바탕과의 조합

좁은 폭 안에 많은 뜨개코가 밀집된 케이블 스티치의 뜨개바탕이나 반대로 비침무늬가 많고 포근한 레이스 뜨기의 뜨개바탕 등은 다 떴을 때 뜨개코의 상태를 고려해 코막음 기법을 선택해야 합니다. 이를 무시하고 똑같은 방법으로 코막음하면 가장자리가 우글쭈글해지거나 반대로 바짝 당겨져 포근한 느낌을 살리지 못하는 등 아쉽게 완성됩니다.

코막음한 부분에서 코를 주워 테두리를 뜨면 해결할 수 있는 경우도 있지만, 특히 코막음을 그대로 사용할 때는 뜨개바탕에 적합한 코막음을 선택해서 보기 좋은 마무리를 목표로 하세요.

조합하는 뜨개바탕에 맞춰서 '이 기법이 쓸만하다'라고 가늠되면 실제로 시험해보고 가장 좋은 기법을 찾으세요.

⑤ 용도에 맞춰서 선택한다

특정한 용도에 알맞은 코막음도 있습니다. 이를테면 코막음한 후 가장자리에 프린지를 달고 싶다면 코막음을 따라 비침무늬가 생기는 '투 로 BO'(→P.108), 늘어나지 않는 튼튼한 버튼홀을 만들고 싶다면 '위드아웃 니팅 BO'(→P.85)를 선택하세요.

그러한 용도는 각 기법 설명에서 소개했으니 '이럴 때 쓸만하다' 하는 기법을 확인해두세요. 당장은 쓸데가 없더라도 꼭 필요할 때가 찾아올 수도 있습니다.

'마지막 코'가 늘어나지 않게 하는 방법

대바늘로 코막음할 때 마지막에 남은 코에서 실끝을 빼고 끝내면 특히 굵은 실의 경우 마지막 코가 늘어나서 보기 흉해지기 쉽습니다. 마지막을 다음과 같이 뜨면 이런 스트레스는 줄일 수 있습니다.
① 왼쪽 바늘에 1코가 남으면 일단 오른쪽 바늘로 옮긴다.
② 왼쪽 끝 코의 아랫단 코에 왼쪽 바늘을 뒤쪽에서 넣는다.
③ ①에서 오른쪽 바늘로 옮긴 코를 왼쪽 바늘로 되돌리고 왼쪽 바늘의 2코를 함께 뜬다.
④ 오른쪽 코를 왼쪽 코에 덮어씌우고 남은 코에서 실끝을 뺀다.
쉽게 할 수 있는 사소한 기술입니다. 꼭 시험해보세요.

◎ 코막음, 잇기 매트릭스

각 기법 페이지의 레이더 차트에서 '장식성'과 '신축성'을 골라 매트릭스로 만들었습니다. 단독으로 기준으로 삼아도 되고 '시작코 매트릭스'와 비교해 조합을 검토해도 좋습니다. 숫자는 각 기법을 수록한 페이지, ●가 코막음, ○가 잇기 기법입니다.

페이지	명칭
82	스탠더드 BO
84	크로셰 BO
85	위드아웃 니팅 BO
86	디크리스 BO
87	싱글 크로셰 BO
88	서스펜디드 BO
90	스트레치 BO
92	스트레치 BO 포 니트 원 펄 원 리브
94	얀 오버 BO
96	심플 투컬러 BO
98	피코 체인 BO
100	브레이디드 리브 BO
102	아이슬란딕 BO
104	러시안 BO
106	피코 에지 BO
108	투 로 BO
110	더블 체인 BO
112	원 오버 투 BO
113	더블 스티치 BO
114	아이코드 BO
116	노티드 니트 투 투게더 BO
118	소운 BO
119	스템 스티치 BO
120	이탈리안 BO
123	니트 투 펄 투 리브 BO
128	튜뷸러 BO
129	루프 BO
130	키치너 스티치 온 St. st
132	키치너 스티치 온 rev St. st
134	키치너 스티치 온 G st
136	스리 니들 BO
137	재패니스 스리 니들 BO
138	스리 니들 아이코드 BO
140	러시안 그래프팅

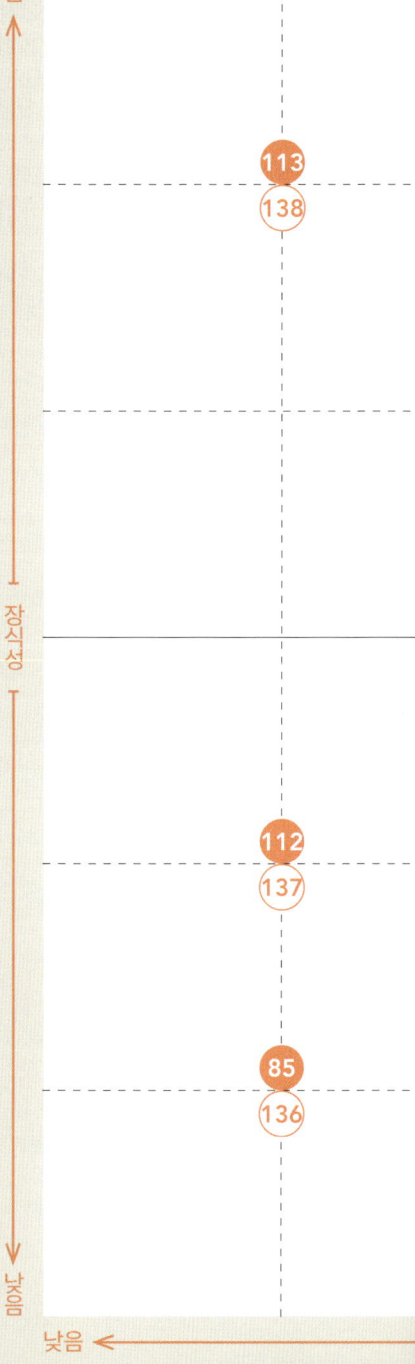

Part 2
BO
코막음·잇기 선택을 위한 팁

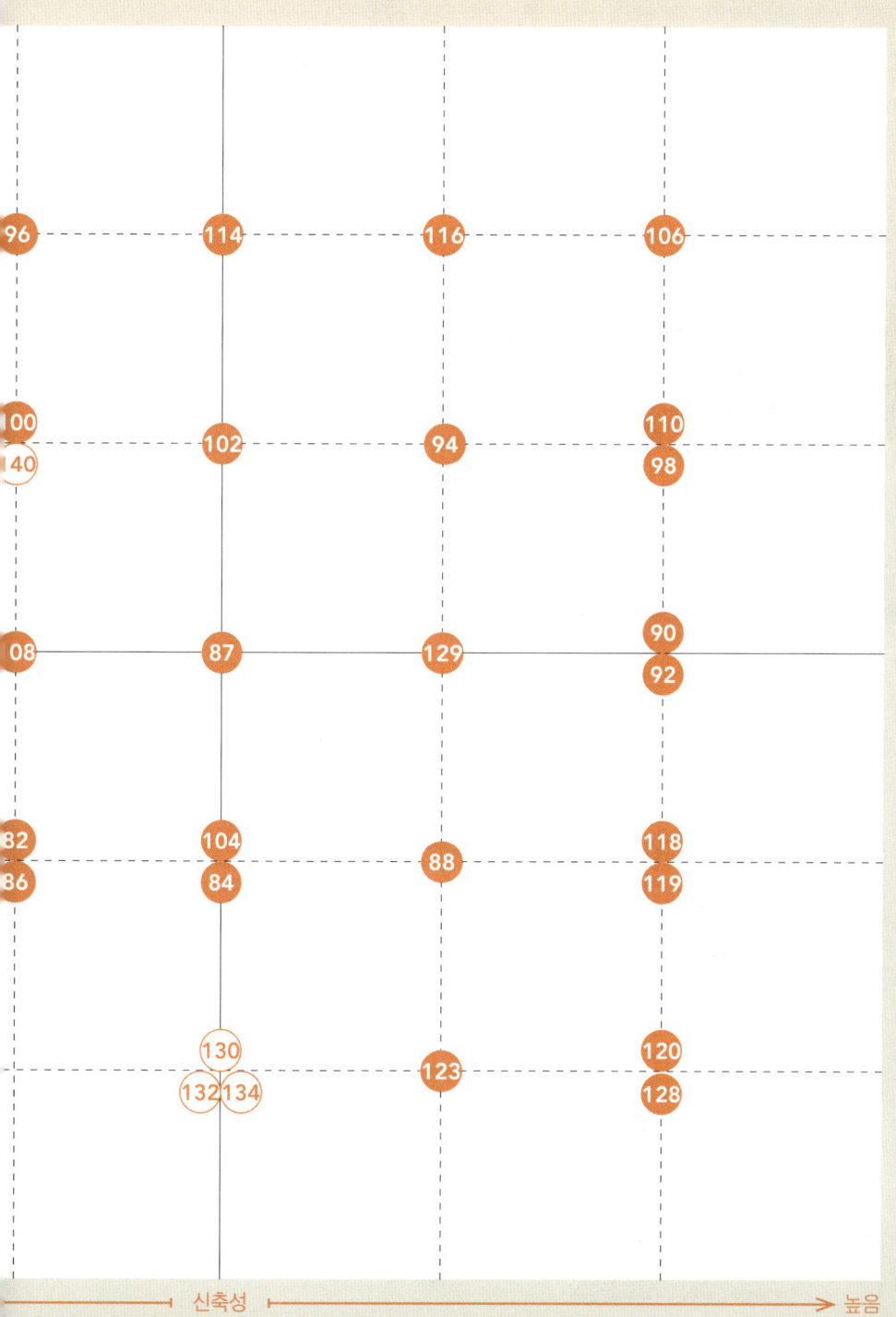

Standard Bind Off
스탠더드 바인드 오프

스탠더드 BO는 '덮어씌워 코막음'을 뜻하며 가장 일반적으로 쓰이는 코막음 기법입니다. '오른 코를 왼코에 덮어씌우는' 방식으로 뜨개코를 막으므로 그 전에 뜨는 뜨개코가 겉뜨기든 안뜨기든 상관없습니다. 아랫단과 같은 뜨개코를 떠서 막으면 뜨개바탕에 맞춘 자연스러운 모양으로 코를 막을 수 있습니다. 코가 빡빡해지기 쉬우므로 느슨하게 덮어씌우려면 바늘 호수를 1~2호 굵게 하면 좋습니다.

1.
처음의 2코를 겉뜨기한다.
※ 안뜨기로 코를 막는 경우는 안뜨기, 무늬에 맞춰서 코를 막는 경우는 아랫단과 같은 코를 뜬다.

2.
왼쪽 바늘 끝으로 오른쪽 바늘의 첫 번째 코(오른쪽 코)를 두 번째 코(왼쪽 코)에 덮어씌운다.

3.

다음 코를 겉뜨기한다.
※ 안뜨기로 코를 막는 경우는 안뜨기, 무늬에 맞춰서 코를 막는 경우는 아랫단과 같은 코를 뜬다.

4.

왼쪽 바늘 끝으로 오른쪽 바늘의 첫 번째 코(오른쪽 코)를 두 번째 코(왼쪽 코)에 덮어씌운다.

5.

오른쪽 바늘에 1코가 남을 때까지 3~4를 반복한다.

6.

실을 자르고 남은 코에서 실끝을 빼내서 꽉 조인다.

Crochet Bind Off
크로셰 바인드 오프

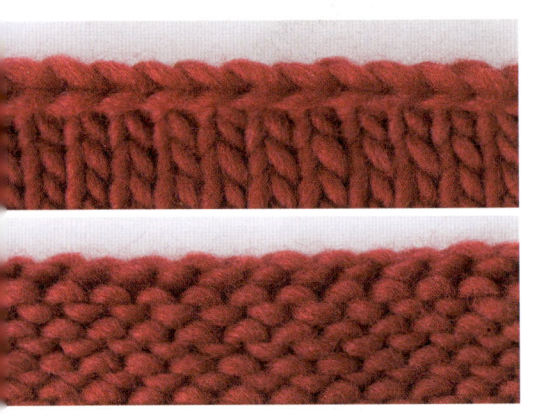

스탠더드 BO(→P.82)와 같은 코막음을 코바늘로 하는 방법입니다. 대바늘로 이전 코를 덮어씌우는 대신 코바늘로 빼내기 때문에 뜨개코가 안정적인 점이 특징입니다. 안뜨기의 덮어씌워 코막음을 하고 싶을 때는 뜨개코에 코바늘을 안뜨기하듯이 넣습니다. 코바늘 호수는 본체를 뜬 대바늘과 같은 굵기를 기준으로 하며 느슨하거나 빡빡하게 하고 싶은 경우 코바늘의 굵기를 조정합니다. 코막음 위치에는 콧수만큼 사슬코가 생기므로 이어서 코바늘로 테두리뜨기를 할 때도 편리합니다.

1. 첫 번째 코에 **겉뜨기하듯이** 코바늘을 넣고 실을 걸어서 빼낸 후 왼쪽 바늘에서 코를 벗겨낸다.

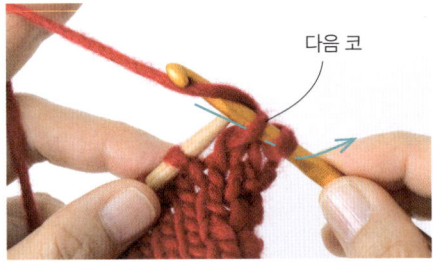

2. 다음 코에 **겉뜨기하듯이** 코바늘을 넣어 왼쪽 바늘에서 벗겨내고 실을 걸어서 한 번에 빼낸다.

3. 코바늘에 1코가 남을 때까지 **2**를 반복한다.

4. 실을 자르고 남은 코에서 실끝을 빼내서 꽉 조인다.

Without Knitting Bind Off
위드아웃 니팅 바인드 오프

뜨는 실이 필요 없는 코막음 기법입니다. 간단하지만 신축성이 거의 없기 때문에 뜨개바탕을 늘리고 싶지 않은 부분에 사용합니다. 뜨개코의 고리가 작아서 코를 막기 어려울 때는 가는 바늘로 바꿔 잡으면 작업하기 쉬워집니다. 잘 늘어나지 않는 성질을 활용해서 버튼홀 등에 사용하면 편리합니다. 뜨개 끝부분의 실끝 반대쪽부터 막기 시작하면 마지막에 남는 코에 실끝을 통과시켜 막을 수 있습니다.

1. 실끝이 없는 쪽에서 시작한다. 첫 번째 코에 **겉뜨기하듯이** 바늘 끝을 넣고 오른쪽 바늘로 옮긴다.

2. 다음 코도 같은 요령으로 오른쪽 바늘로 옮긴다.

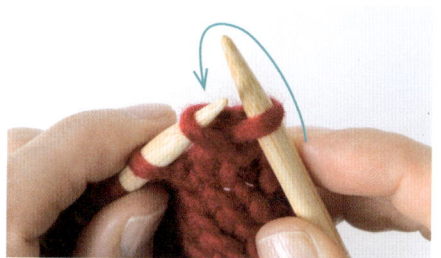

3. 왼쪽 바늘 끝으로 오른쪽 바늘의 첫 번째 코(오른쪽 코)를 두 번째 코(왼쪽 코)에 덮어씌운다.

4. 오른쪽 바늘에 1코가 남을 때까지 2~3을 반복하고 실끝을 남은 코에서 빼내 처리한다.

Decrease Bind Off
디크리스 바인드 오프

외관상으로는 스탠더드 BO(→P.82)와 비슷하지만 돌려뜨기 2코모아뜨기로 코를 막았고, 꼬인만큼 코가 꽉 조여집니다. 그래서 스탠더드 BO보다 튼튼해지며 신축성은 조금 부족한 인상입니다. 뜨개코를 덮어씌우는 작업이 없기에 코막음한 뜨개코를 가지런히 정돈하기 편한 점도 특징 중 하나입니다. 2코모아뜨기를 해서 코를 막는다는 점에서 니트 투 투게더 바인드 오프K2tog Bind off라고 불리기도 합니다.

1. 첫 번째 코와 두 번째 코에 **겉뜨기의 돌려뜨기를** 하듯이 오른쪽 바늘을 넣고 실을 걸어서 뜬다.

2. 오른쪽 바늘에 생긴 코에 왼쪽 바늘을 넣어서 왼쪽 바늘로 되돌린다.

3. 오른쪽 바늘에 1코가 남을 때까지 1~2를 반복한다.

4. 실을 자르고 남은 코에서 실끝을 빼내 꽉 조인다.

Single Crochet Bind Off
싱글 크로셰 바인드 오프

'짧은뜨기 코막음'이라고도 하는데 코바늘로 짧은뜨기를 하며 뜨개코를 막는 방법입니다. 코바늘은 뜨개바탕을 뜬 대바늘의 굵기와 같거나 조금 가는 편이 좋습니다. 짧은뜨기 분량만큼 뜨개바탕에 높이가 생겨서 테두리뜨기 느낌을 줄 뿐 아니라 이어서 코바늘로 테두리뜨기를 할 때도 편리합니다.

1. 첫 번째 코에 **겉뜨기하듯이** 코바늘을 넣고 실을 걸어서 빼낸 후 왼쪽 바늘에서 벗겨낸다.

2. 1을 다시 한번 반복한다. 코바늘에 2코가 걸린 상태가 된다.

3. 코바늘에 실을 걸고 2코에 한꺼번에 통과시켜 빼낸다. 여기까지 짧은뜨기 1코를 떴다.

4. 코바늘에 1코가 남을 때까지 2~3을 반복하고 남은 코에서 실끝을 빼내 꽉 조인다.

    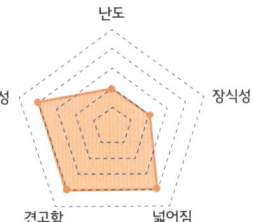

Suspended Bind Off
서스펜디드 바인드 오프

스탠더드 BO(→P.82)를 균일하고 느슨하게 마무리하고 싶을 때 추천하는 기법입니다. 단계별 사진은 언뜻 어려워 보이지만 일단 시도해보면 자연스러운 모양으로 느슨하게 코를 막을 수 있다는 것을 알 수 있습니다. 스탠더드 BO가 빡빡해지는 사람이라면 꼭 시도해볼 만한 방법입니다.

1.
처음의 2코를 겉뜨기한다.

2.
왼쪽 바늘 끝으로 오른쪽 바늘의 첫 번째 코(오른쪽 코)를 두 번째 코(왼쪽 코)에 덮어씌우는데 아직 **첫 번째 코에서 왼쪽 바늘을 빼지 않는다**.

3. 왼쪽 바늘 앞쪽에서 왼쪽 바늘의 다음 코에 겉뜨기하듯이 오른쪽 바늘을 넣는다.

4. 오른쪽 바늘 끝에 실을 걸고 겉뜨기한다. 사진은 다 뜬 모습.

5. 왼쪽 바늘 끝의 2코(2에서 덮어씌운 코와 3에서 오른쪽 바늘을 넣은 코)를 왼쪽 바늘에서 둘 다 벗겨낸다.

6. 오른쪽 바늘에 2코가 남을 때까지 2~5를 반복한다.

7. 왼쪽 바늘 끝으로 오른쪽 바늘의 첫 번째 코(오른쪽 코)를 두 번째 코(왼쪽 코)에 덮어씌운다.

8. 실을 자르고 남은 코에서 실끝을 빼낸다.

Stretchy Bind Off
스트레치 바인드 오프

이름 그대로 신축성이 가장 큰 특징인 기법입니다. 코를 막을 때까지 각각의 코를 두 번씩 뜨기 때문에 뜨개코에 높이가 조금 생깁니다. 코막음 부분이 넓어지기 쉬우니 시험 삼아 떠보고 필요에 따라 바늘 호수를 가늘게 조정하면 좋습니다.

1.
처음의 2코를 겉뜨기한다.

2.
오른쪽 바늘의 2코에 **왼쪽 바늘이 앞쪽으로 오게**(오른쪽 바늘 앞쪽에) 왼쪽 바늘을 넣는다.

3.

오른쪽 바늘에 실을 걸고 오른쪽 바늘의 2코를 함께 겉뜨기의 돌려뜨기로 뜬다.

4.

코를 뜬 모습.

5.

왼쪽 바늘의 다음 코를 겉뜨기한다.

6.

오른쪽 바늘에 1코가 남을 때까지 2~5를 반복한다(마지막은 4에서 끝난다). 실을 자르고 남은 코에서 실끝을 빼내 꽉 조인다.

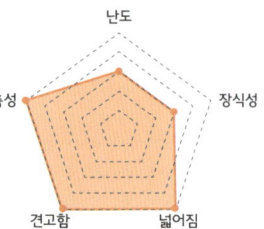

Stretchy Bind Off for K1, P1 Rib
스트레치 바인드 오프 포 니트 원 펄 원 리브

1코고무뜨기를 하고 각각의 코를 두 번씩 떠가며 막는 방법입니다. 1코고무뜨기의 신축성을 살려 코막음하는 것이 특징입니다. 코막음 부분이 넓어지기 쉬우므로 이 점이 신경 쓰인다면 가는 바늘로 바꿔서 코를 막으세요.

1.
첫 번째 코는 겉뜨기의 돌려뜨기, 두 번째 코는 안뜨기한다.

안뜨기
겉뜨기의 돌려뜨기

2.
실을 **뜨개바탕의 앞쪽으로** 옮겨서 오른쪽 바늘의 2코에 **오른쪽 바늘이 앞쪽으로 오게** (오른쪽 바늘 뒤쪽에) 왼쪽 바늘을 넣는다.

3.
오른쪽 바늘에 실을 걸고 오른쪽 바늘의 2코를 안뜨기의 2코모아뜨기로 뜬다.

4.
실을 **뜨개바탕의 뒤쪽으로 옮겨서** 왼쪽 바늘의 다음 코를 겉뜨기의 돌려뜨기로 뜬다.

겉뜨기의 돌려뜨기

5.
오른쪽 바늘에 2코가 남을 때까지 2~4를 반복하고 마지막으로 2~3을 반복한다. 오른쪽 바늘에 1코 남은 상태가 된다.

6.
실을 자르고 남은 코에서 실끝을 빼내 꽉 조인다.

    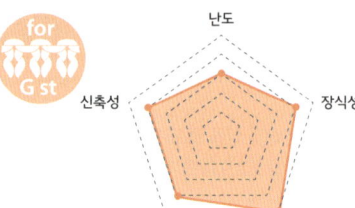

Yarn Over Bind Off
얀 오버 바인드 오프

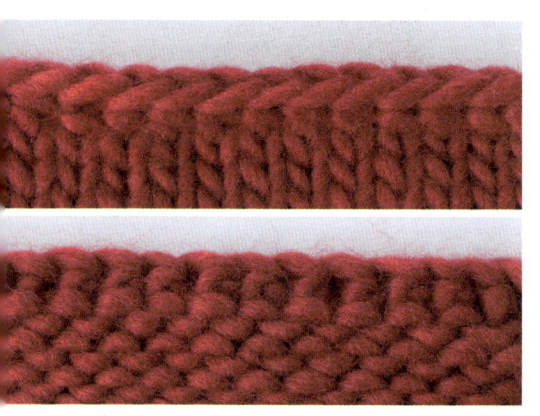

스탠더드 BO(→P.82)에 걸기코(바늘비우기)를 더한 기법입니다. 코와 코 사이에 걸기코를 만들어서 이를 코막음할 코에 덮어씌우면 코와 코 사이에 공간이 생겨서 코막음한 코는 걸기코의 실이 덮이는 만큼 높이가 생깁니다. 걸기코 횟수를 늘릴 수도 있는데 늘린 만큼 코막음한 코는 세로로 길어집니다. 레이스뜨기처럼 넓어지는 뜨개바탕이나 스캘럽 커브 부분과 잘 어울리므로 뜨개바탕에 맞춰 스탠더드 BO와 조합해 사용하는 방법도 추천합니다.

1.
첫 코를 겉뜨기한다.

2.
실을 오른쪽 바늘 끝의 앞쪽에서 뒤쪽으로 옮겨서 걸기코를 한다.

3.
계속해서 겉뜨기 1코를 뜬다.

4.
왼쪽 바늘로 2의 걸기코를 3에서 뜬 코에 덮어씌운다. 사진은 코를 덮어씌운 모습.

5.
1에서 뜬 코도 왼쪽 바늘을 사용해 3에서 뜬 코에 덮어씌운다. 사진은 코를 덮어씌운 모습.

6.
오른쪽 바늘에 1코가 남을 때까지 2~5를 반복한다. 실을 자르고 남은 코에서 빼내 꼭 조인다.

    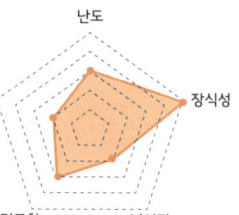

Simple Two-Color Bind Off
심플 투컬러 바인드 오프

스탠더드 BO(→P.82)의 2색 버전입니다. 배색무늬뜨기나 겉뜨기의 브리오슈뜨기 등 2색의 뜨개 바탕에 맞추는 경우는 아랫단의 코와 같은 색이 아니라 '다음 코와 같은 색'으로 뜬 후 코를 막는 것이 포인트입니다.

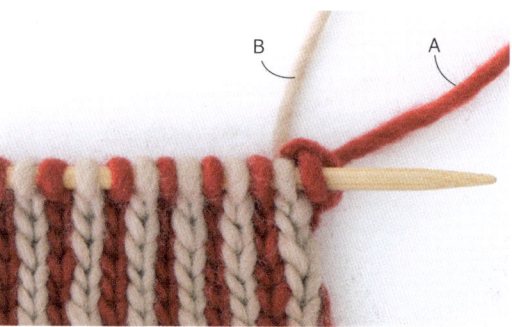

1.
겉면에서 보이는 첫 번째 코의 색을 A, 두 번째 코의 색을 B로 한다.

2.
첫 번째 코인 A를 B로 겉뜨기한다. 사진은 겉뜨기한 모습.

3. 두 번째 코인 B를 A로 걷뜨기한다.

4. 왼쪽 바늘 끝으로 오른쪽 바늘의 첫 번째 코를 두 번째 코에 덮어씌운다.

5. 왼쪽 바늘의 다음 A코를 B로 뜬다.

6. 왼쪽 바늘 끝으로 오른쪽 바늘의 첫 번째 코를 두 번째 코에 덮어씌운다. 사진은 코를 덮어씌운 모습.

7. 오른쪽 바늘에 1코가 남을 때까지 3~6을 반복한다. **아랫단에서 뜬 색과 다른 색으로 번갈아가며 떠서 덮어씌우는** 점이 포인트.

8. A, B 모두 실을 자르고 남은 코에서 실끝 2가닥을 빼내 꽉 조인다.

Picot Chain Bind Off
피코 체인 바인드 오프

스탠더드 BO(→P.82)에 걸기코를 조합하는 점은 얀 오버 BO(→P.94)와 비슷하지만(같은 명칭으로 불릴 때도 있음) 걸기코에 오른쪽 코를 덮어씌워서 사슬코가 생긴다는 점이 다릅니다. 이 방법으로 얀 오버 BO보다 깔끔하게 코막음이 완성되며 높이는 생기지 않고 옆으로 넓어지는 인상입니다. 스탠더드 BO와 조합해 뜨개바탕의 넓어짐에 맞춰서 조정할 수 있기 때문에 많이 넓어지는 레이스뜨기 뜨개바탕이나 스캘럽 부분의 코막음에 효과적입니다.

1. 첫 번째 코는 **스탠더드 BO(→P.82)**로 코막음하므로 처음의 2코를 겉뜨기한다.

2. 왼쪽 바늘로 오른쪽 바늘의 첫 번째 코(오른쪽 코)를 두 번째 코(왼쪽 코)에 덮어씌운다.

3. 실을 오른쪽 바늘 끝의 앞쪽에서 뒤쪽으로 옮겨서 걸기코를 한다.

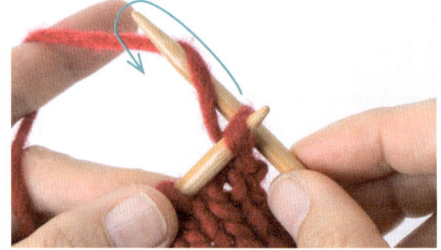

4. 2에서 오른쪽 바늘에 남은 코를 3의 걸기코에 덮어씌운다.

5. 덮어씌운 모습(사슬코가 생긴다).

6. 왼쪽 바늘의 다음 코를 겉뜨기한다.

7. 오른쪽 바늘에 2코가 남을 때까지 2~6을 반복한다.

8. 왼쪽 바늘 끝으로 오른쪽 바늘의 첫 번째 코(오른쪽 코)를 두 번째 코(왼쪽 코)에 덮어씌운다.

9. 실을 자르고 남은 코에서 빼내 꽉 조인다.

사진과 같이 덮어씌워 코막음한 코와 코 사이에 사슬코 1코가 들어가 콧수가 늘어나며 사슬코 아래쪽에는 공간이 생겨서 가장자리가 레이스 모양으로 퍼진다.

 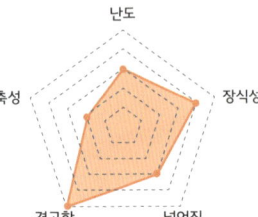

Braided Rib Bind Off
브레이디드 리브 바인드 오프

코막음 부분에서 별도의 실 1가닥을 추가해 두께를 줘서 내구성과 장식성을 더하는 기법입니다. 두 번째 실의 색을 바꿔서 장식성을 더 돋보이게 연출할 수도 있습니다. 그런 경우에는 실 2가닥을 겹쳐서 뜰 때 색 순서를 일정하게 유지하는 것이 포인트입니다. 이렇게 하면 뜨개코 중 왼쪽의 색이 덮어씌웠을 때 '아래쪽'이 되며 색이 고르게 정돈되어 보입니다.

1.
뜨는 실에 별도의 실 1가닥을 더해서 2가닥을 겹치고 실은 2가닥을 함께 뜨개바탕의 앞쪽에 놓는다. 더한 실의 실끝은 오른손에 쥔다(실끝은 앞쪽에 놓는다). 별도의 실은 **코막음하는 폭의 4~5배 길이를 준비한다.**

2.
실 2가닥을 겹쳐서 왼쪽 바늘의 첫 번째 코와 두 번째 코를 각각 안뜨기한다.

3. 왼쪽 바늘 끝으로 오른쪽 바늘의 첫 번째 코(오른쪽 코)를 두 번째 코(왼쪽 코)에 덮어씌운다.

4. 코를 덮어씌운 모습.

5. 왼쪽 바늘의 다음 코도 실 2가닥을 겹쳐서 안뜨기한다.

6. 오른쪽 바늘에 2코가 남을 때까지 3~5를 반복한다.

7. 왼쪽 바늘 끝으로 오른쪽 바늘의 첫 번째 코(오른쪽 코)를 두 번째 코(왼쪽 코)에 덮어씌운다.

8. 실 2가닥을 자르고 남은 코에서 실끝 2가닥을 모두 빼내 꽉 조인다.

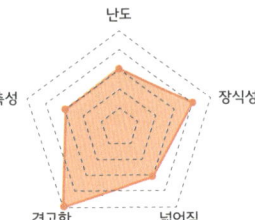

Icelandic Bind Off
아이슬란딕 바인드 오프

조금 복잡하지만 '오른쪽 코에서 왼쪽 코를 빼낸 후 겉뜨기' 작업을 반복해서 안뜨기의 파이핑 같은 모양을 만드는 기법입니다. 신축성이 있어서 레이스무늬의 테두리뜨기에도 적합하며 본체를 돋보이게 해줍니다. 스트레치 BO(→P.90)와는 다른 기법이지만 이 시작코도 같은 이름으로 불릴 때가 있습니다.

1.
실을 뒤쪽에 놓고 왼쪽 바늘의 첫 번째 코에 **안뜨기하듯이** 오른쪽 바늘을 넣는다.

2.
계속해서 오른쪽 바늘을 왼쪽 바늘의 두 번째 코에 **겉뜨기하듯이** 넣는다. 이때 오른쪽 바늘은 뜨개바탕 뒤쪽으로 다 빼지 않고 **바늘 끝에 두 번째 코를 건 상태**로 한다.

3. 오른쪽 바늘 끝을 첫 번째 코 오른쪽으로 빼고 바늘 끝에 걸린 **두 번째 코도 첫 번째 코에서 빼낸다.**

4. 왼쪽 바늘에 첫 번째 코와 두 번째 코가 걸린 상태로 오른쪽 바늘에 실을 걸어 첫 번째 코 사이로 빼낸 두 번째 코를 겉뜨기한다.

5. 왼쪽 바늘에서 첫 번째 코와 두 번째 코를 벗겨낸다.

6. 오른쪽 바늘의 코에 **오른쪽 바늘이 앞쪽으로 오**게 왼쪽 바늘을 넣는다(**1**의 상태로 되돌아간다).

7. 오른쪽 바늘에 1코가 남을 때까지 **2~6**을 반복한다(마지막은 **5**에서 끝난다).

8. 실을 자르고 남은 코에서 실끝을 빼내 꽉 조인다.

Russian Bind Off
러시안 바인드 오프

독특한 움직임이 얼핏 보면 어려울 것 같지만 사실 작업 과정은 스탠더드 BO(→P.82)와 같아서 다음 코를 뜨는 동시에 덮어씌워 코막음하는 방법입니다. 스탠더드 BO의 과정을 줄이면서 안정적으로 느슨하게 코를 막을 수 있는 합리적인 방법이므로 익혀두면 편리하게 쓸 수 있습니다.

1.
왼쪽 바늘의 첫 번째 코를 겉뜨기한다.

2.
겉뜨기한 오른쪽 바늘의 코에 **오른쪽 바늘이 앞쪽으로 오게**(오른쪽 바늘의 뒤쪽으로) 왼쪽 바늘을 넣는다.

3.

계속해서 왼쪽 바늘의 두 번째 코에 **겉뜨기 하듯이** 오른쪽 바늘을 넣어서 실을 건다.

4.

오른쪽 바늘에 건 실을 2코에 통과시켜서 빼낸다. 사진은 실을 빼낸 모습.

5.

왼쪽 바늘에 걸려 있는 2코를 벗겨낸다.

6.

오른쪽 바늘에 1코가 남을 때까지 **2~5**를 반복한다. 실을 자르고 남은 코에서 실끝을 빼내 꽉 조인다.

    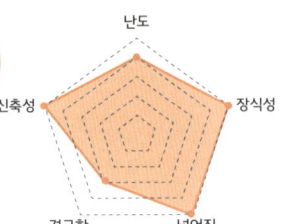

Picot Edge Bind Off
피코 에지 바인드 오프

피코 에지 CO(→P.56)의 코막음 버전이며 피코 분량의 코를 새로 만들어 이를 뜨개바탕의 코와 함께 스탠더드 BO로 코막음합니다. 피코의 크기와 간격은 시작코와 덮어씌워 코막음한 콧수로 조정할 수 있습니다. 넓어지기 때문에 숄의 테두리뜨기에 적합하며 아기용 아이템에 사용해 사랑스러움을 살리는 방법도 추천합니다.

1.
왼쪽 바늘의 2코를 겉뜨기한다.

2.
왼쪽 바늘 끝으로 오른쪽 바늘의 첫 번째 코(오른쪽 코)를 두 번째 코(왼쪽 바늘의 코)에 덮어씌운다.

3. 오른쪽 바늘에 남은 1코를 <u>왼쪽 바늘</u>로 되돌린다.

4. 니티드 CO(→P.50)로 2코를 만든다.

5. 스탠더드 BO(→P.82)로 4코를 덮어씌운다.

6. 오른쪽 바늘에 1코가 남을 때까지 3~5를 반복하고 남은 코에서 실끝을 빼내 꽉 조인다.

Tip
피코의 길이와 간격의 구조 —코막음

피코 에지 BO는 피코 에지 CO(→P.56)와 조합하면 처음과 마지막의 모양을 일치시킬 수 있습니다. 피코 에지 BO에서는 5에서 덮어씌우는 4코 중 가장 먼저 덮어씌우는 2코(ⓐ, 4의 시작코 콧수)가 피코, 다음 1코가 피코의 토대(ⓑ), 마지막 1코(ⓒ)가 간격이 됩니다. 즉 ⓐ를 늘리면 피코가 길어지며 ⓒ를 늘리면 간격이 넓어집니다. 뜨개바탕의 양쪽 가장자리를 피코로 하고 싶을 때는 4부터 시작해서 마지막은 5의 ⓑ만큼 덮어씌운 모습으로 끝납니다.

기본 피코 에지 BO (ⓐ가 2코)

⟨기호도 이미지⟩

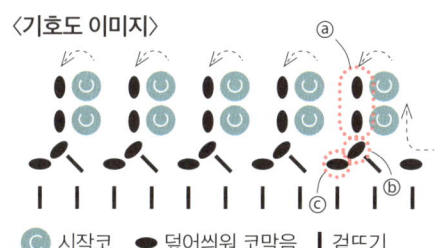

    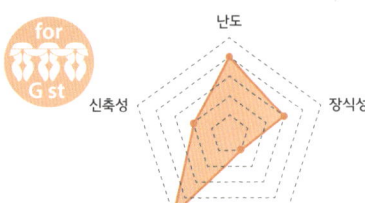

Two Row Bind Off
투 로 바인드 오프

이름 그대로 '2단' 분량을 코막음하는 방법입니다. 어려운 과정은 없으며 튼튼하게 코막음됩니다. 하지만 신축성이 낮아서, 여유가 필요할 때는 굵은 바늘로 바꿔서 코막음하는 식으로 조정해야 합니다. 코를 막은 후 비침무늬 같은 모양이 되기 때문에 프린지를 달아 연출하는 방법도 활용할 수 있습니다.

1. 왼쪽 바늘의 첫 번째 코를 겉뜨기하고 두 번째 코를 안뜨기한다.

2. 왼쪽 바늘 끝으로 오른쪽 바늘의 겉뜨기한 첫 번째 코를 안뜨기한 두 번째 코에 덮어씌운다.

3. 왼쪽 바늘의 코가 없어질 때까지 1~2를 반복한다. 오른쪽 바늘에 안뜨기만 남는다.

4. 뜨개바탕을 뒤집는다. 이다음부터 <u>뜨는 실은 사용하지 않는다.</u>

5. 왼쪽 바늘 끝의 2코에 **안뜨기하듯이** 오른쪽 바늘을 넣고 2코를 함께 오른쪽 바늘로 옮긴다.

6. 왼쪽 바늘 끝으로 오른쪽 바늘의 첫 번째 코(오른쪽 코)를 두 번째 코(왼쪽 코)에 덮어씌운다.

7. 왼쪽 바늘의 다음 코에 **안뜨기하듯이** 오른쪽 바늘을 넣고 오른쪽 바늘로 옮긴다. 사진은 코를 옮긴 모습.

8. 오른쪽 바늘에 1코가 남을 때까지 6~7을 반복한다(마지막은 6에서 끝난다).

9. 여분의 실을 돗바늘에 꿰어서 남은 코를 뜨개바탕에 고정한다. 여분의 실도 실끝을 처리한다.

10. 반대쪽도 뜨는 실을 조금 남겨 자르고 실끝을 돗바늘에 꿰어서 뜨개바탕에 고정해 처리한다.

    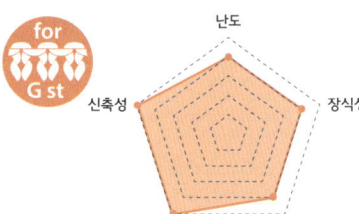

Double Chain Bind Off
더블 체인 바인드 오프

더블 체인 CO(→P.48)의 코막음 버전입니다. 반대방향의 안뜨기와 걸기코를 떠서 이를 다음 코에 덮어씌워 코막음하면 사슬코가 이중으로 생기는 기법입니다. 소극적인 테두리뜨기로, 별도의 테두리뜨기를 연결할 때 토대로도 사용할 수 있습니다. 조금 신기한 감각의 작업 방식이 재미있으니 꼭 시도해보세요.

뒤쪽에서 앞쪽으로 건다

1.

실을 앞쪽에 놓고 왼쪽 바늘의 첫 번째 코에 안뜨기하듯이 오른쪽 바늘을 넣고 **오른쪽 바늘의 뒤쪽에서 앞쪽으로** 실을 걸어서 (일반적인 안뜨기와는 반대로 실을 건다) **반대방향의 안뜨기**(코의 고리 왼쪽이 앞쪽이 된다) 1코를 뜬다.

2.

뜨는 실을 오른쪽 바늘의 앞쪽에서 뒤쪽으로 옮겨서 걸기코를 한다.

3.
왼쪽 바늘의 다음 코를 1과 같은 요령으로 **반대방향의 안뜨기로** 뜬다.

4.
왼쪽 바늘 끝으로 오른쪽 바늘의 오른쪽 2코(1에서 뜬 코와 2의 걸기코)를 3에서 뜬 코에 덮어씌운다.

5.
코를 덮어씌운 모습.

6.
오른쪽 바늘에 1코가 남을 때까지 2~5를 반복한다. 실끝을 자르고 남은 코에서 빼내 꽉 조인다.

One Over Two Bind Off
원 오버 투 바인드 오프

이름 그대로 '1코를 2코에 덮어씌우는' 기법입니다. 이 방식으로 매우 튼튼하게 코막음되지만 그만큼 신축성은 거의 없습니다. 교차뜨기나 더블 니팅(이중뜨기)같이 밀집한 뜨개코가 퍼지지 않게 막을 때 편리하며 용도는 한정적이지만 알아두면 유용합니다.

1. 처음의 3코를 겉뜨기한다.

2. 왼쪽 바늘 끝으로 오른쪽 바늘의 가장 오른쪽 코를 <u>나머지 2코에 덮어씌운다.</u>

3. 왼쪽 바늘의 다음 코를 겉뜨기한다.

4. 오른쪽 바늘에 2코가 남을 때까지 2~3을 반복한다(마지막은 2에서 끝난다).

5. 왼쪽 바늘 끝으로 오른쪽 바늘의 첫 번째 코(오른쪽 코)를 두 번째 코(왼쪽 코)에 덮어씌운다.

6. 실을 자르고 남은 코에서 빼내 꽉 조인다.

Tip
2색 원 오버 투 바인드 오프

'원 오버 투 BO'는 2색으로도 할 수 있습니다. 2색으로 번갈아 뜬 배색 무늬뜨기(메리야스뜨기의 배색무늬)의 코막음에 사용하면 배색을 살려서 완성됩니다. 단색으로 뜬 뜨개바탕의 마지막 단만 2색으로 번갈아 뜨고 코막음을 2색으로 해서 장식성을 더하는 방법도 활용할 수 있습니다. 코막음 부분의 아랫단을 2색으로 번갈아 뜨고, 코막음 단은 아랫단과 같은 색으로 뜨며 코를 막는 것이 포인트입니다. '더블 스티치 바인드 오프Double Stitch Bind Off'라고 불리는 방법입니다.

1. 아랫단의 코와 같은 색으로 처음의 3코를 걸 뜨기한다.

2. 왼쪽 바늘 끝으로 오른쪽 바늘의 가장 오른쪽 코를 나머지 2코에 덮어씌운다.

3. 왼쪽 바늘의 다음 코도 **아랫단의 코와 같은 색**으로 겉뜨기한다.

4. 2~3을 반복해서 **원 오버 투 BO**의 4~6과 같은 요령으로 떠서 끝낸다.

   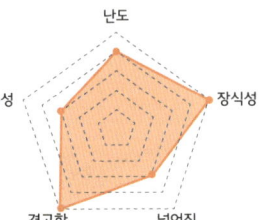

I-cord Bind Off
아이코드 바인드 오프

아이코드 CO(→P.66)의 코막음 버전이며 조합해서 사용하는 것도 추천하는 기법입니다. 미리 아이코드를 뜨는 시작코와 달리, 아이코드를 뜨면서 1코씩 코막음합니다. 장식성이 더해지고 신축성도 얻을 수 있어서 단순하지만 세련된 연출 방법으로 활용할 수 있습니다. 너무 넓어지는 경우 가는 바늘을 사용해서 조정합니다.

1.
코막음을 시작하기 전에 뜨개바탕의 오른쪽 가장자리에 **니티드 CO**(→P.50)로 아이코드 분량의 3코를 만든다.

2.
만든 3코 중 2코를 겉뜨기한다.

3. 다음 코(만든 코의 3번째 코)와 그다음 코(본체의 첫 번째 코)에 **겉뜨기의 돌려뜨기를 하듯이** (왼쪽 바늘의 뒤쪽에) 오른쪽 바늘을 넣는다.

4. 오른쪽 바늘에 실을 걸고 2코를 함께 겉뜨기의 돌려뜨기를 한다. 사진은 돌려뜨기한 모습.

5. 오른쪽 바늘의 3코를 왼쪽 바늘로 되돌린다.

6. 왼쪽 바늘에 3코가 남을 때까지(4에서 왼쪽 바늘의 코가 없어지고 5에서 왼쪽 바늘에 되돌린 3코만 남을 때까지) 2~5를 반복한다.

7. 스탠더드 BO(→P.82)로 2코를 코막음하고 실을 잘라낸다. 오른쪽 바늘에 남은 코에서 실끝을 빼내 꽉 조인다.

7'. 뜨개바탕이 원통인 경우는 6에서 남은 3코와 1에서 만든 3코의 토대를 키치너 스티치 온 스토키네트 스티치 Kitchener Stitch on St st(→P.130 / 메리야스 잇기)로 잇는다.

    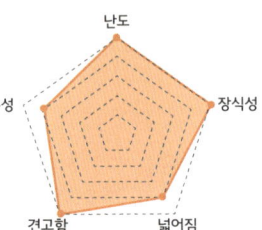

Knotted K2tog Bind Off
노티드 니트 투 투게더 바인드 오프

1코고무뜨기용 장식적인 코막음 기법입니다. 2코에 실을 둘러 감아서 코를 막으면 실을 감은 2코가 '매듭'이 되어 작은 피코처럼 완성됩니다. 조금 공들여야 하는 기법이지만 코막음을 하면서 장식성을 더할 수 있고 신축성이나 내구성도 확보할 수 있는 기능적인 기법이기도 합니다.

1. 아랫단은 겉뜨기, 안뜨기를 반복해서 뜬다 (이하는 코막음의 첫 번째 코가 겉뜨기인 경우).

2. 뜨개바탕을 뒤집어서 겉뜨기 1코, 안뜨기 1코를 뜨고 **실을 뜨개바탕의 뒤쪽으로 옮긴다**.

3. 왼쪽 바늘 끝으로 오른쪽 바늘의 첫 번째 코(오른쪽 코)를 두 번째 코(왼쪽 코)에 덮어씌운다.

4. 왼쪽 바늘의 다음 겉뜨기에 **안뜨기하듯이** 바늘 끝을 넣고 오른쪽 바늘로 옮긴다. 사진은 코를 옮긴 모습.

5. 바늘 2개 사이에서 **실을 앞쪽으로 옮긴다.**

6. 오른쪽 바늘의 2코를 왼쪽 바늘로 되돌린다. 사진은 코를 되돌린 모습.

7. 되돌린 2코에 실을 감듯이 코의 **오른쪽에서 뒤쪽으로 향하게 돌린다.**

8. 되돌린 2코에 **겉뜨기하듯이** 오른쪽 바늘을 넣고 겉뜨기의 2코모아뜨기를 한다.

9. 다음의 안뜨기 코를 안뜨기하고 **실을 뜨개바탕의 뒤쪽으로 옮긴다.**

10. 오른쪽 바늘에 1코가 남을 때까지 3~9를 반복한다(마지막은 3에서 끝난다). 실을 자르고 남은 코에서 실끝을 빼내 꽉 조인다.

Tip
첫 번째 코가 안뜨기인 1코고무뜨기인 코막음

'노티드 니트 투 투게더 BO'의 준비로 아랫단에서 '겉뜨기로 시작되는 1코고무뜨기'를 뜨면, 왕복뜨기의 경우 전체가 짝수 코라면 코막음의 첫 번째 코가 겉뜨기가 되지만 홀수 코라면 첫 번째 코가 안뜨기가 됩니다. 이렇듯 코막음의 첫 번째 코가 안뜨기일 경우 '노티드 니트 투 투게더 BO'는 2~4를 대신하여 왼쪽 바늘의 처음 2코에 안뜨기하듯이 오른쪽 바늘을 넣어서 코를 옮깁니다. 이렇게 하면 어긋나는 부분이 해결되므로 다음의 5 이후는 위에서 설명한 순서대로 작업하면 됩니다.

Sewn Bind Off
소운 바인드 오프

돗바늘로 꿰매며 코를 막는 느낌을 주는 단순한 코막음 기법입니다. 두꺼워지는 것을 원하지 않는 부분에 딱 어울리며 신축성도 확보할 수 있습니다. 단순하지만 여러 유형에 만능인 기법입니다. 겉에서 볼 때 롱테일 CO(→P.18)과 모양이 비슷하므로 조합해서 사용하는 방법도 추천합니다.

1. 실을 코막음할 폭의 **약 3배**를 남기고 잘라 돗바늘에 꿴다.

2. 왼쪽 바늘의 2코에 **안뜨기하듯이** 돗바늘을 통과시킨다.

3. 첫 번째 코에 **겉뜨기하듯이** 돗바늘을 통과시킨다.

4. 첫 번째 코를 왼쪽 바늘에서 벗겨내고 실을 잡아당긴다.

5. 왼쪽 바늘에 1코가 남을 때까지 **2~4**를 반복한다.

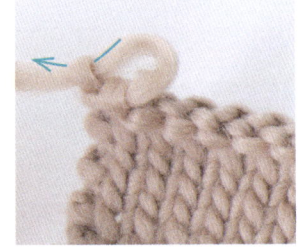

6. 남은 코에 **안뜨기하듯이** 돗바늘을 통과시켜 실을 잡아당긴다.

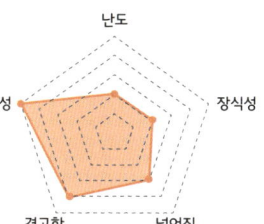

Stem Stitch Bind Off
스템 스티치 바인드 오프

소운 BO(→P.118)와 같은 요령으로 돗바늘을 사용한 간단한 코막음 기법입니다. 2코 사이의 걸친 실 아래쪽으로도 실을 통과시키는 만큼 소운 BO보다 튼튼하게 완성됩니다. 이 기법도 롱테일 CO(→P.18)와 모양이 비슷하므로 조합해서 사용할 수 있습니다. 겉면과 안면을 신경 쓰지 않아도 된다는 점도 편리합니다.

1. 실을 코막음할 폭의 **약 4배**를 남기고 잘라 돗바늘에 꿴다.

2. 왼쪽 바늘의 두 번째 코에 **겉뜨기하듯이** 돗바늘을 통과시킨다.

3. 첫 번째 코에 **안뜨기하듯이** 돗바늘을 통과시키고 왼쪽 바늘에서 코를 벗겨낸다.

4. 앞쪽에 있는 **걸친 실을 떠 올려** 실을 잡아당긴다.

5. 왼쪽 바늘에 1코가 남을 때까지 **2~4**를 반복한다.

6. 남은 코에 **겉뜨기하듯이** 돗바늘을 통과시켜 실을 잡아당긴다.

    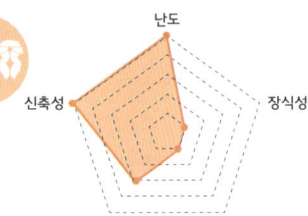

Italian Bind Off
이탈리안 바인드 오프

일반적으로 '1코고무뜨기 코막음'이라고 불리는 기법입니다. 신축성이 있으며 뭐니 뭐니 해도 1코고무뜨기 그대로의 모양으로 코를 막을 수 있다는 점이 포인트입니다. 어렵게 느껴진다면 겉뜨기와 안뜨기를 바늘 2개로 나눠서 코를 막는 방법(→P.126)을 시험해보면 어떨까요?

〈왕복뜨기, 양끝이 겉뜨기인 경우〉

1. 실을 코막음할 폭의 **약 3배**를 남기고 잘라 돗바늘에 꿴다.

2. 첫 번째 코인 겉뜨기에 **안뜨기하듯이**, 두 번째 코인 안뜨기에 **겉뜨기하듯이** 돗바늘을 통과시켜 실을 잡아당긴다.

3. 첫 번째 코인 겉뜨기에 **겉뜨기하듯이** 돗바늘을 넣고 왼쪽 바늘에서 벗겨낸 후 실을 잡아당긴다.

4. 다음의 안뜨기는 건너뛰고 그 코의 앞쪽에서 다음의 겉뜨기에 **안뜨기하듯이** 돗바늘을 통과시켜 실을 잡아당긴다.

5. 건너뛴 안뜨기에 **안뜨기하듯이** 돗바늘을 넣고 왼쪽 바늘에서 벗겨낸다.

6. 왼쪽 바늘의 다음 **겉뜨기와 안뜨기 사이에** 뒤쪽에서 돗바늘을 통과시켜 앞쪽으로 빼낸 후 실을 잡아당긴다.

7. 빼낸 위치의 왼쪽에 있는 안뜨기에 **겉뜨기하듯이** 돗바늘을 통과시켜 실을 잡아당긴다.

8. 왼쪽 바늘에 실을 한 번씩 통과시킨 2코가 남을 때까지 3~7을 반복한다. 마지막은 3에서 끝나며 왼쪽 바늘에는 오른쪽에 안뜨기, 왼쪽에 겉뜨기가 남는다.

9. 안뜨기에 **안뜨기하듯이** 돗바늘을 통과시키고 왼쪽 바늘에서 벗겨낸 후 실을 잡아당긴다.

10. 겉뜨기에 **겉뜨기하듯이** 돗바늘을 통과시키고 왼쪽 바늘에서 벗겨낸 후 실을 잡아당기면 완성.

〈원통뜨기, 첫 코가 겉뜨기인 경우〉

1.
1~7까지는 왕복뜨기와 같은 요령으로 작업한다. 하지만 **처음의 겉뜨기와 안뜨기를 왼쪽 바늘에서 벗겨내면서 오른쪽 바늘 뜨개 끝부분으로 옮겨놓는다**. 이때 뜨개 시작 위치에 마커를 달아놓으면 알아보기 쉽다. 사진은 처음 겉뜨기와 안뜨기에 실을 두 번씩 통과시켜 뜨개 끝부분으로 옮겨놓은 상태로, 작업이 끝난 모습이다.

2.
왼쪽 바늘에 실을 한 번씩 통과시킨 2코와 처음에 뜨개 끝부분으로 옮긴 2코가 남을 때까지 왕복뜨기의 과정 3~7을 반복한다. 마지막은 5에서 끝나며 왼쪽 바늘에는 오른쪽부터 순서대로 마지막 겉뜨기, 마지막 안뜨기, 마커, 처음의 겉뜨기, 처음의 안뜨기가 나란히 위치한다.

3.
마지막 겉뜨기에 **겉뜨기하듯이** 돗바늘을 넣어 왼쪽 바늘에서 벗겨낸다. 마지막 안뜨기는 건너뛰고 앞쪽에서 처음의 겉뜨기에 **안뜨기하듯이** 돗바늘을 통과시켜 실을 잡아당긴다.

4.
① 건너뛴 마지막 안뜨기에 **안뜨기하듯이** 돗바늘을 넣어 왼쪽 바늘에서 벗겨내고, 마커와 처음의 겉뜨기도 바늘에서 벗겨낸 후 실을 잡아당긴다.
② 처음의 안뜨기에 **겉뜨기하듯이** 돗바늘을 넣어 왼쪽 바늘에서 벗겨내고 실을 잡아당기면 완성.

K2, P2 Rib Bind Off
니트 투 펄 투 리브 바인드 오프

일반적으로 '2코고무뜨기 코막음'이라고 불리는 기법입니다. 신축성이 있어서 이탈리안 BO(→P.120)와 마찬가지로 2코고무뜨기 모양 그대로 코를 막을 수 있다는 점이 포인트입니다. 이 기법도 겉뜨기와 안뜨기를 바늘 2개로 나눠서 코막음하는 방법이 있습니다(→P.127). 한번 시험해보면 어떨까요?

〈왕복뜨기, 양끝이 겉뜨기 2코인 경우〉

1. 실을 코막음할 폭의 <u>약 3배</u>를 남기고 잘라 돗바늘을 꿴다.

2. 첫 번째 코의 겉뜨기에 돗바늘의 끝을 <u>겉뜨기하듯이</u> 넣는다.

3. 두 번째 코의 겉뜨기에 돗바늘의 끝을 <u>안뜨기하듯이</u> 넣는다.

4. 돗바늘을 빼내고 실을 잡아당긴다.

5. 첫 번째 코에 **겉뜨기하듯이** 돗바늘을 넣고 왼쪽 바늘에서 벗겨낸 후 실을 잡아당긴다.

6. 다음 **겉뜨기와 안뜨기의 사이에** 돗바늘을 통과시켜 앞쪽으로 빼낸다.

7. 왼쪽의 안뜨기에 **겉뜨기하듯이** 돗바늘을 통과시켜 실을 잡아당긴다.

8. 오른쪽 겉뜨기에 **겉뜨기하듯이** 돗바늘을 넣고 왼쪽 바늘에서 벗겨낸다.

9. 뜨개바탕의 앞쪽에서 다음 겉뜨기에 돗바늘을 **안뜨기하듯이** 통과시킨다.

10. 건너뛴 안뜨기의 첫 번째 코에 돗바늘을 **안뜨기하듯이** 넣고 왼쪽 바늘에서 벗겨낸다.

11. 건너뛴 안뜨기의 두 번째 코에 돗바늘을 **겉뜨기하듯이** 통과시켜 실을 잡아당긴다.

12. 왼쪽 바늘의 다음 겉뜨기 첫 번째 코에 돗바늘의 끝을 **겉뜨기하듯이** 넣는다.

13. 계속해서 두 번째 코의 겉뜨기에 돗바늘의 끝을 **안뜨기하듯이** 넣어서 뜨개바탕의 앞쪽으로 빼낸다.

14. 돗바늘을 빼내고 실을 잡아당긴다.

15. 오른쪽 가장자리의 안뜨기에 돗바늘을 안뜨기하듯이 넣고 왼쪽 바늘에서 벗겨내며 **다음 겉뜨기의 첫 번째 코도 왼쪽 바늘에서 벗겨내** 실을 잡아당긴다.

16. 왼쪽 바늘에 실을 한 번 통과시킨 겉뜨기가 1코 남을 때까지 6~15를 반복한다.

17. 남은 겉뜨기에 **겉뜨기하듯이** 돗바늘을 통과시켜 왼쪽 바늘에서 벗겨낸 후 실을 잡아당기면 완성.

◎ K2, P2 Rib BO의 구조

K2, P2 Rib BO에는 기본적인 규칙이 있습니다.
① 1코에 두 번씩(겉뜨기는 안뜨기하듯이→겉뜨기하듯이, 안뜨기는 겉뜨기하듯이→안뜨기하듯이 순서) 돗바늘을 통과시킨다.
② 두 번째로 돗바늘을 통과시키면 그 코는 왼쪽 바늘에서 벗겨낸다.
이 두 가지 규칙은 그림으로 보면 다음과 같습니다.

겉뜨기	— 안뜨기
K K	겉뜨기하듯이 돗바늘을 통과시킨다
P P	안뜨기하듯이 돗바늘을 통과시킨다

※ 숫자는 과정을 나타내는 번호. 회색의 번호는 돗바늘을 통과시키는 것 이외의 작업을 하는 부분.

🟢 코막음 시작 1세트
🟠 2세트째 이후

〈기본 K2, P2 Rib BO〉※ P.123~125의 1~17

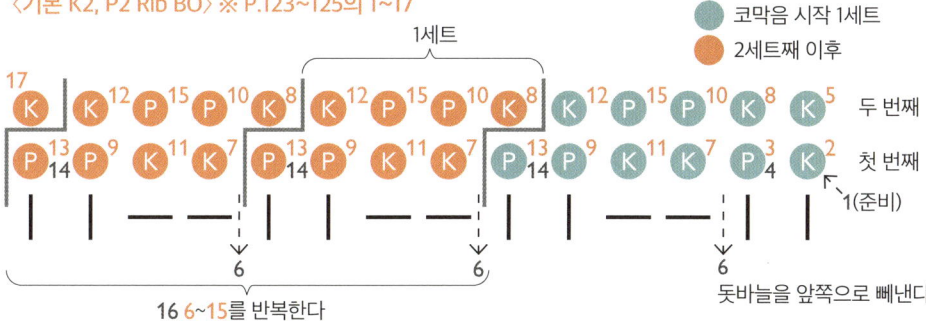

〈원통뜨기의 K2, P2 Rib BO〉

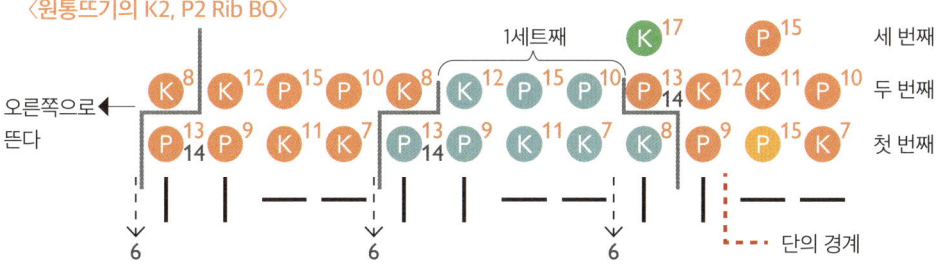

원통의 뜨개바탕은 다음과 같이 하면 대개 왕복뜨기의 6~15를 반복해서 코를 막을 수 있습니다.
① 처음에는 뜨개 끝부분의 안뜨기에 🅟 (순서 15)를 한다. 단 뜨개코는 대바늘에 건 채로 둔다.
② 계속해서 1세트째(6~15)를 하고 8에서 뜨개 시작부분의 겉뜨기 2코를 뜨개 끝부분의 대바늘로 옮긴다.
③ 나머지는 왕복뜨기와 같은 요령으로 코를 막는다. 마지막에 🅚 로 뜨개 시작부분 두 번째 코의 겉뜨기에 17을 하면 끝난다.

Tip
뜨개코를 바늘 2개로
나누는 고무뜨기 코막음

'고무뜨기 코막음'은 여러 번 도전해봐도 어렵게 느껴진다는 사람이 많습니다. 그런 분에게 추천하는 방법도 있습니다. 미리 장갑바늘(콧수가 많은 경우에는 줄바늘) 2개에 겉뜨기와 안뜨기를 나눠놓는 것입니다. 바꿔서 옮기는 방식은 조금 번거롭지만 이렇게 하면 '키치너 스티치 온 스토키네트 스티치'(→P.130 / 메리야스 잇기)와 같은 요령으로 코를 막을 수 있으므로 작업 과정이 매우 단순해집니다. 한쪽 바늘의 코에만 돗바늘을 통과시킬 때는 나머지 바늘에서 뜨개코가 빠지지 않게 주의해야 합니다.

〈1코고무뜨기 : 왕복뜨기, 양끝이 겉뜨기 1코인 경우〉

1.

장갑바늘 2개를 준비해서 겉뜨기와 안뜨기를 각각 다른 바늘로 나눈다. 실은 코막음할 폭의 약 3배를 남기고 잘라서 돗바늘에 꿰어놓는다.
※ 겉뜨기를 건 바늘을 앞쪽으로 한다.

2.

바늘 2개에 마지막 1코씩 남을 때까지 **메리야스 잇기**(→P.130)의 2~6과 같은 요령으로 떠서 뜨개코를 막는다. 마지막은 실을 한 번씩 통과시킨 안뜨기(뒤쪽 바늘)와 겉뜨기(앞쪽 바늘, 마지막 코)가 남는다.

3.

마지막은 메리야스 잇기의 8→7 순서로 작업하면 끝난다.
※ 마지막 코가 겉뜨기라서 메리야스 잇기(마지막 코가 안뜨기)와는 순서가 반대가 된다.

⟨2코고무뜨기 : 왕복뜨기, 양끝이 겉뜨기 2코인 경우⟩

1.

장갑바늘 2개를 준비해서 겉뜨기와 안뜨기를 각각 다른 바늘로 나눈다. 실은 코막음할 폭의 약 3배를 남기고 잘라서 돗바늘에 꿰어놓는다.
※ 겉뜨기를 건 바늘을 앞쪽으로 한다.

2.

처음에는 **2코고무뜨기 코막음(K2, P2 Rib BO→P.123)**의 **2~5**와 같은 요령으로 작업한다. 사진은 **5**를 끝내고 첫 번째 코의 겉뜨기를 왼쪽 바늘에서 벗겨낸 모습.

3.

바늘 2개에 마지막 1코씩 남을 때까지 **메리야스 잇기(→P.130)**의 **3~6**과 같은 요령으로 떠서 뜨개코를 막는다. 마지막은 실을 한 번씩 통과시킨 안뜨기(뒤쪽 바늘)와 겉뜨기(앞쪽 바늘, 마지막 코)가 남는다.
※ 사이의 2코를 걸쳐서 돗바늘을 통과시키는 부분에서는 실을 지나치게 잡아당기지 않도록 주의한다.

4.

마지막은 메리야스 잇기의 **8→7** 순서로 작업하면 끝난다. 사진은 마지막 겉뜨기에 겉뜨기하듯이 돗바늘을 끼워 넣은 모습.
※ 마지막 코가 겉뜨기라서 메리야스 잇기(마지막 코가 안뜨기)와는 순서가 반대가 된다.

     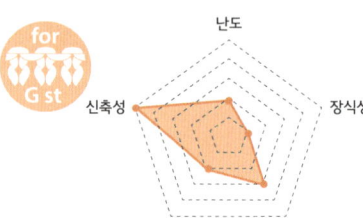

Tubular Bind Off
튜뷸러 바인드 오프

이탈리안 BO(→P.120)를 하기 전에 겹단뜨기를 해놓는 기법입니다. 1코고무뜨기의 신축성을 잃지 않고 몽실몽실한 모양으로 완성됩니다.

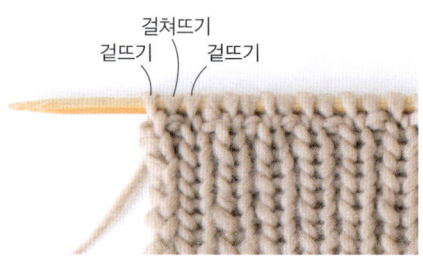

1. 첫 번째 단(겉뜨기로 시작되는 겉단)은 '겉뜨기1, 걸쳐뜨기1'을 반복해서 뜬다.

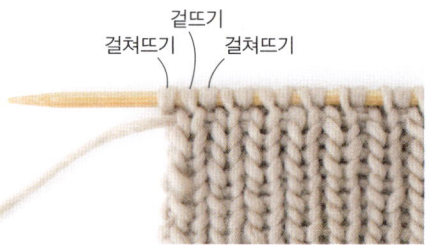

2. 〈왕복뜨기의 경우〉 뜨개바탕을 뒤집어서 아랫단의 겉뜨기는 걸쳐뜨기, 걸쳐뜨기는 겉뜨기로 뜬다.

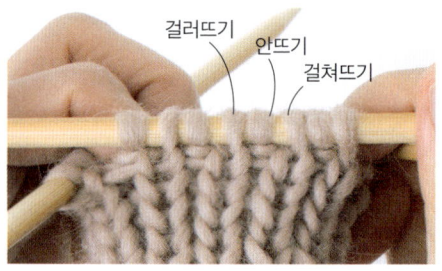

2'. 〈원통뜨기의 경우〉 아랫단의 겉뜨기는 걸러뜨기, 걸쳐뜨기는 안뜨기로 뜬다.

3. 필요한 만큼 1~2(2')를 반복하고 이탈리안 BO (→P.120)로 코막음한다.

Loop Bind Off
루프 바인드 오프

루프 CO(→P.44)와 조합해서 사용할 수 있는 코막음 기법입니다. 여기에서는 1코에 실을 두 번 통과시킨 후 바늘에서 벗겨내는 방식을 소개했는데, 코막음한 코가 불안정해서 신경 쓰인다면 뜨개코를 바늘에 걸린 채로 마지막까지 코막음하고 끝난 후에 바늘을 빼도 괜찮습니다. 이 기법으로 코를 막으면 빡빡해지지 않습니다.

1. 실을 코막음할 폭의 **약 3배**를 남기고 잘라서 돗바늘에 꿴다.

2. 첫 번째 코에 **겉뜨기하듯이** 돗바늘을 통과시켜 실을 잡아당긴다.

3. **앞쪽에서** 다음 코에 돗바늘을 **겉뜨기하듯이** 통과시켜 실을 잡아당긴다.

4. 오른쪽 코에 **안뜨기하듯이** 돗바늘을 넣고 왼쪽 바늘에서 벗겨낸 후 실을 잡아당긴다.

5. 왼쪽 바늘에 1코가 남을 때까지 **3~4**를 반복한다.

6. 남은 코에 **안뜨기하듯이** 돗바늘을 넣고 왼쪽 바늘에서 벗겨낸 후 실을 잡아당긴다.

 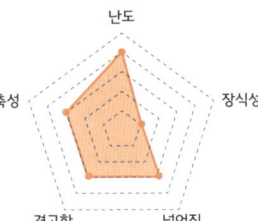

Kitchener Stitch on Stockinette Stitch
키치너 스티치 온 스토키네트 스티치

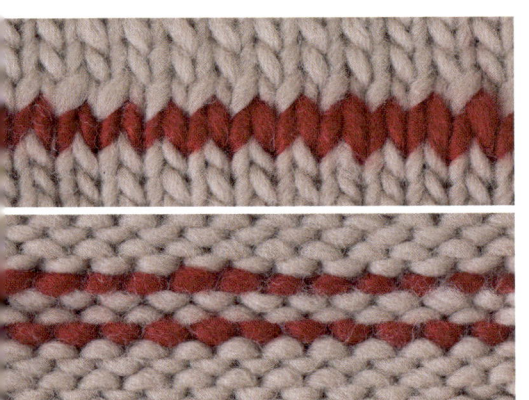

메리야스뜨기를 이음매가 보이지 않게 연결하는 이른바 '메리야스 잇기'입니다. 뜨개코끼리 맞대지 않고 바늘 2개를 앞뒤로 잡으며, 돗바늘 넣는 방법을 '겉뜨기하듯이'와 '안뜨기하듯이'로 기억하면 간단합니다. 2코 단위로 첫 번째 코를 뜨개바늘에서 벗겨내며 '앞 : 겉-안, 뒤 : 안-겉'이라고 말하면서 반복하면 실수하지 않을 거예요. 실을 당길 때는 어느 정도 힘을 주되 당기는 힘을 늘 똑같이 유지해야 깔끔하게 이을 수 있습니다. 익숙해지면 어느 정도의 힘으로 잡아당겨야 가장 적합한지 파악할 수 있습니다.

★ [앞]은 앞쪽 대바늘의 뜨개코, [뒤]는 뒤쪽 대바늘의 뜨개코를 나타냅니다.

1. 실을 잇는 폭의 **4배 정도** 남기고 잘라서 돗바늘에 꿴다. 뜨개바탕 2장을 **겉면이 밖으로** 오게 마주 놓고 뜨개바늘을 왼손으로 가지런히 잡는다.

2. [앞] 첫 번째 코에 돗바늘을 **안뜨기하듯이** 통과시켜 실을 잡아당긴다.

Tips
뜨개코를 막은 뜨개바탕끼리 잇는 방법

키치너 스티치Kitchener Stitch 3종(온 스토키네트 스티치on St st[메리야스 잇기] / 온 리버스 스토키네트 스티치on Rev St st[안메리야스 잇기] →P.132 / 온 가터 스티치on Garter st[가터 잇기] →P.134)은 뜨개코끼리 매끄럽게 연결하는 방법입니다. 이미 뜨개코를 막은 뜨개바탕(양쪽 또는 1장만)에도 사용할 수 있습니다. 뜨개코를 막은 뜨개바탕의 경우는 코막음의 아랫단의 뜨개코에 돗바늘을 통과시킵니다. 통과시키는 방법은 뜨개코끼리 잇는 경우와 똑같습니다. 스리 니들 바인드 오프Three Needle Bind Off(→P.136 / 빼뜨기로 잇기)도 같은 요령인데 코바늘을 사용해서 같은 순서로 잇습니다.

3. [뒤] 첫 번째 코에 돗바늘을 **겉뜨기하듯이** 통과시켜 실을 잡아당긴다.

4. [앞] 첫 번째 코에 돗바늘을 **겉뜨기하듯이** 넣고 대바늘에서 벗겨내며, 다음 코에 **안뜨기하듯이** 돗바늘을 통과시켜 실을 잡아당긴다.

5. [뒤] 첫 번째 코에 돗바늘을 **안뜨기하듯이** 넣고 대바늘에서 벗겨내며 다음 코에 **겉뜨기하듯이** 돗바늘을 통과시켜 실을 잡아당긴다.

6. 앞뒤의 바늘에 1코씩 남을 때까지 4~5를 반복한다.

7. [앞] 남은 코에 **겉뜨기하듯이** 돗바늘을 통과시키고 대바늘에서 벗겨낸 후 실을 잡아당긴다.

8. [뒤] 남은 코에 **안뜨기하듯이** 돗바늘을 통과시키고 대바늘에서 벗겨낸 후 실을 잡아당긴다.

   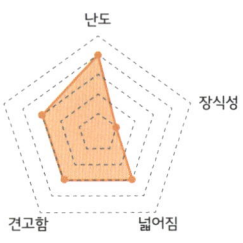

Kitchener Stitch on Reverse Stockinette Stitch
키치너 스티치 온 리버스 스토키네트 스티치

메리야스 잇기의 안메리야스 버전인 '안메리야스 잇기'도 바늘 2개를 앞뒤로 잡고 돗바늘 넣는 방법을 '겉뜨기하듯이'와 '안뜨기하듯이'로 기억하면 간단합니다. 2코 단위로 첫 번째 코를 뜨개바늘에서 벗겨내며 '앞 : 안-겉, 뒤 : 겉-안'이라고 말하면서 반복해보세요. 실을 당길 때는 어느 정도 힘을 주되 당기는 힘을 늘 똑같이 유지해야 깔끔하게 이을 수 있습니다. 익숙해지면 어느 정도의 힘으로 잡아당겨야 가장 적합한지 파악할 수 있습니다.

★ [앞]은 앞쪽 대바늘의 뜨개코, [뒤]는 뒤쪽 대바늘의 뜨개코를 나타냅니다.

1.
실을 잇는 **폭의 4배** 정도 남기고 잘라서 돗바늘에 꿴다. 뜨개바탕 2장을 **겉면이 밖으로** 오게 마주 놓고 뜨개바늘을 왼손으로 가지런히 잡는다.

2.
[앞] 첫 번째 코에 돗바늘을 **안뜨기하듯이** 통과시켜 실을 잡아당긴다.

3. [뒤] 첫 번째 코에 돗바늘을 **겉뜨기하듯이** 통과시켜 실을 잡아당긴다.

4. [앞] 첫 번째 코에 돗바늘을 **안뜨기하듯이** 넣고 대바늘에서 벗겨내며 다음 코에 **겉뜨기하듯이** 돗바늘을 통과시켜 실을 잡아당긴다.

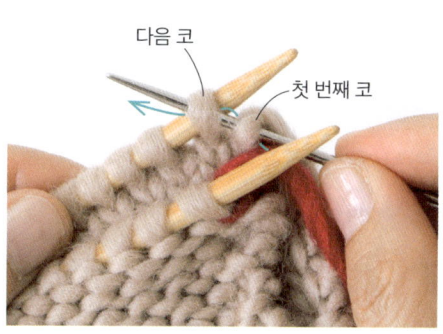

5. [뒤] 첫 번째 코에 돗바늘을 **겉뜨기하듯이** 넣고 대바늘에서 벗겨내며 다음 코에 **안뜨기하듯이** 돗바늘을 통과시켜 실을 잡아당긴다.

6. 앞뒤의 바늘에 1코씩 남을 때까지 4~5를 반복한다.

7. [앞] 남은 코에 **안뜨기하듯이** 돗바늘을 통과시키고 대바늘에서 벗겨낸 후 실을 잡아당긴다.

8. [뒤] 남은 코에 **겉뜨기하듯이** 돗바늘을 통과시키고 대바늘에서 벗겨낸 후 실을 잡아당긴다.

    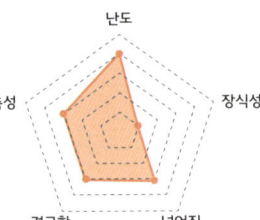

Kitchener Stitch on Garter Stitch
키치너 스티치 온 가터 스티치

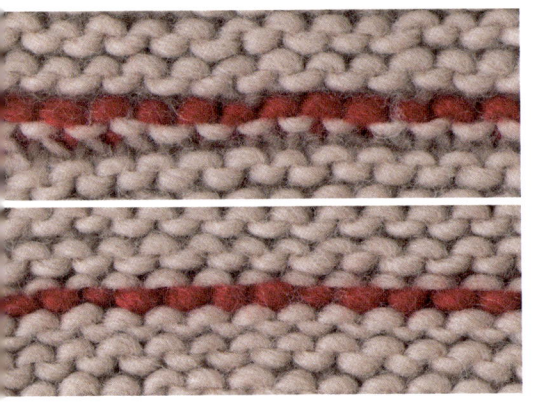

키치너 스티치 시리즈의 마지막은 가터뜨기끼리 이어붙이는 '가터 잇기'입니다. 이을 뜨개바탕 중 1장은 겉뜨기, 다른 1장은 안뜨기의 상태로 잇는 점에 주의해야 합니다. 바늘 2개를 앞뒤로 잡고 돗바늘 넣는 방법을 '겉뜨기하듯이'와 '안뜨기하듯이'로 기억하면 간단합니다. 2코 단위로 첫 번째 코를 뜨개바늘에서 벗겨내며 '앞 : 겉-안, 뒤 : 겉-안'이라고 말하면서 반복해보세요.

★ [앞]은 앞쪽 대바늘의 뜨개코, [뒤]는 뒤쪽 대바늘의 뜨개코를 나타냅니다.

1.
실을 잇는 **폭의 4배** 정도 남기고 잘라서 돗바늘에 꿴다. 뜨개바탕 2장을 **겉면이 밖으로** 오게 마주 놓고 뜨개바늘을 왼손으로 가지런히 잡는다. 대바늘에 걸린 뜨개코가 겉쪽에서 볼 때 안뜨기인 쪽을 앞쪽, 겉뜨기인 쪽을 뒤쪽으로 한다(가터 잇기는 마지막 단의 뜨개코를 1장은 겉뜨기, 다른 1장은 안뜨기로 해놓아야 한다).

2.
[앞] 첫 번째 코에 돗바늘을 **안뜨기하듯이** 통과시킨다.

3. [뒤] 첫 번째 코에 돗바늘을 **안뜨기하듯이** 통과시켜 실을 잡아당긴다.

4. [앞] 첫 번째 코에 돗바늘을 **겉뜨기하듯이** 넣고 대바늘에서 벗겨내며 다음 코에 **안뜨기하듯이** 돗바늘을 통과시켜 실을 잡아당긴다.

5. [뒤] 첫 번째 코에 돗바늘을 **겉뜨기하듯이** 넣고 대바늘에서 벗겨내며 다음 코에 **안뜨기하듯이** 돗바늘을 통과시켜 실을 잡아당긴다.

6. 앞뒤의 바늘에 1코씩 남을 때까지 4~5를 반복한다.

7. [앞] 남은 코에 **겉뜨기하듯이** 돗바늘을 통과시키고 대바늘에서 벗겨낸 후 실을 잡아당긴다.

8. [뒤] 남은 코에 **겉뜨기하듯이** 돗바늘을 통과시키고 대바늘에서 벗겨낸 후 실을 잡아당긴다.

    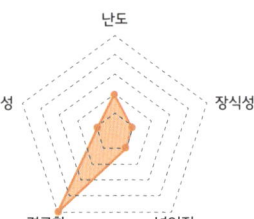

Three Needle Bind Off
스리 니들 바인드 오프

'빼뜨기로 잇기'를 대바늘로 하는 방법입니다. 바늘 2개에 걸린 코를 뜨면서 코를 막기 때문에 뜨개바늘을 한 개 더 준비해놓아야 합니다. 작업과정 자체는 스탠더드 BO(→P.82)와 같으므로 사용하기 편리한 기법입니다. 잇는 코는 안면이 되게 하는 것이 일반적인데 일부러 겉면으로 드러내서 강조 효과를 줘도 좋습니다. 그런 경우 뜨개바탕은 겉면이 밖으로 오게 마주 놓습니다. 이미 덮어씌워 코막음해놓은 뜨개바탕끼리 잇는 경우는 코바늘을 사용해 덮어씌운 부분의 아랫단 뜨개코에 바늘을 넣어서 빼뜨기하며 잇습니다.

1. 뜨개바탕 2장을 **겉면이 안으로** 가게 마주 놓고 바늘 2개를 왼손으로 잡는다.

2. 별도의 바늘로 앞쪽과 뒤쪽의 첫 번째 코를 2코모아뜨기한다.

3. 앞쪽과 뒤쪽의 다음 코도 2코 모아뜨기한다.

4. 앞쪽의 왼쪽 바늘로 별도의 바늘에 있는 첫 번째 코를 두 번째 코에 덮어씌운다.

5. 별도의 바늘에 1코가 남을 때까지 **3~4**를 반복한다.

6. 실을 자르고 남은 코에서 빼내 꽉 조인다.

Japanese Three Needle Bind Off
재패니스 스리 니들 바인드 오프

일반적으로 '덮어씌워 잇기'라고 불리는 기법이며 이름 그대로 일본에서 탄생해 해외에도 널리 퍼졌습니다. 앞쪽 뜨개바탕의 뜨개코를 전부 뒤쪽 뜨개바탕의 뜨개코에 덮어씌워 코를 막기 때문에 신축성은 거의 없습니다. 덮어씌운 후에 남는 뜨개코는 뜨개바탕 2장을 겉면이 안으로 가게 마주 놓았을 때 왼쪽 가장자리에 있는 뜨는 실로 스탠더드 BO를 해서 코막음합니다.

1. 뜨개바탕 2장을 **겉면이 안으로** 가게 마주 놓고 바늘 2개를 왼손으로 잡는다.

2. 별도의 바늘을 앞쪽의 첫 번째 코에 **겉뜨기하듯이** 넣는다.

3. 계속해서 뒤쪽의 첫 번째 코에 **안뜨기하듯이** 넣는다.

4. **앞쪽의 코에서 뒤쪽의 코를 빼낸 후** 2코 모두 왼쪽 바늘에서 벗겨낸다.

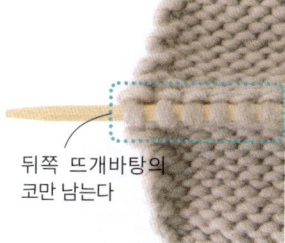

5. 모든 코가 별도의 바늘로 옮겨갈 때까지 **2~4**를 반복한다.

6. 뜨개바탕을 뒤집어서 남은 코를 스탠더드 BO(→P.82)로 코막음한다.

137

    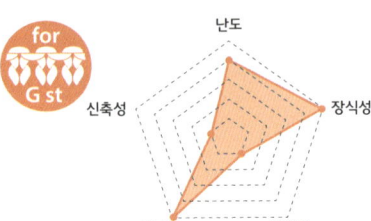

Three Needle
I-cord Bind Off
스리 니들 아이코드 바인드 오프

아이코드를 뜨며 뜨개바탕 2장의 코를 1코씩 잇는 방법입니다. 아이코드로 두께가 추가되므로 겉면으로 나오도록 장식적으로 사용하는 것이 일반적입니다. 아래에서는 아이코드를 3코로 하는 경우의 과정을 소개하는데 '2코모아뜨기한 본체 쪽 코에 아이코드의 마지막 코를 덮어씌워 코막음한다'는 것이 이 코막음 기법의 기본 규칙입니다. 아이코드의 콧수(굵기)는 5코 정도까지 늘릴 수 있습니다.

1. 뜨개바탕 1장을 겉면이 앞쪽을 향하게 왼손으로 잡고 오른쪽 가장자리에 왼쪽→오른쪽의 방법으로 3코를 만든다.

2. 나머지 뜨개바탕 1장을 **겉면이 밖으로** 오게 1의 뜨개바탕과 마주 놓고 뜨개바늘을 왼손으로 가지런히 잡는다.

3. 만든 코 중 2코를 별도의 바늘로 겉뜨기한다.

4. 만든 코의 세 번째 코에 **안뜨기하듯이** 별도의 바늘을 넣어서 별도의 바늘로 옮긴다.

5. 앞쪽과 뒤쪽의 본체 첫 번째 코에 별도의 바늘을 **겉뜨기하듯이** 넣어서 2코모아뜨기한다.

6. 다 뜬 모습.

7. 앞쪽의 왼쪽 바늘을 사용해서 5에서 뜬 코에 오른쪽 옆의 코(아이코드의 세 번째 코)를 덮어씌운다.

8. 별도의 바늘에 있는 3코를 아이코드 분량으로 앞쪽의 왼쪽 바늘에 되돌린다.

9. 오른쪽 바늘에 아이코드 분량의 3코가 남을 때까지 3~8을 반복한다(7에서 끝난다).

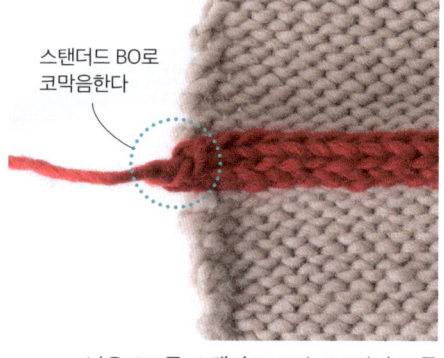

스탠더드 BO로 코막음한다

10. 남은 3코를 **스탠더드** BO(→P.82)나 코를 조여서 코막음한다.

    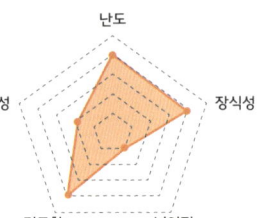

Russian Grafting
러시안 그래프팅

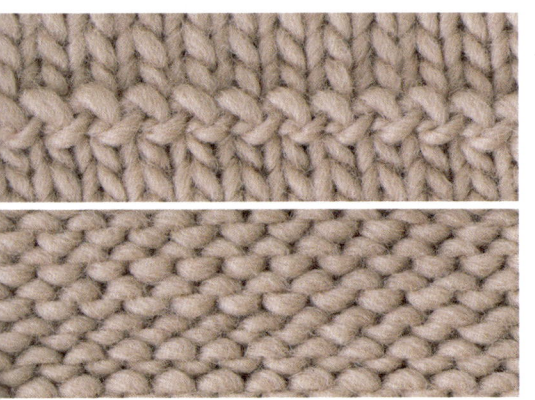

뜨는 실을 사용하지 않고 뜨개코끼리 짜는 감각으로 잇는 방법입니다. 신축성은 별로 없으며 뜨개바탕이 메리야스뜨기인 경우에는 소박하게 장식성이 더해집니다. 부피감이 나타나지 않고 왼쪽의 사진에서도 알 수 있듯이 안면에 이은 자리가 눈에 띄지 않으므로 안면이 겉쪽으로 나오게 이어서 키치너 스티치 계열의 잇기를 대신하기도 합니다.

1.
뜨개바탕 2장을 **겉면이 밖으로** 오게 마주 놓고 바늘 2개를 왼손으로 잡는다. <u>**뜨는 실은 잇기에 사용하지 않는다**</u>. 하지만 마지막에 남은 코를 고정하는 용도의 실이 필요하므로 잇기 끝부분에 뜨는 실을 남겨놓으면 (아랫단의 뜨개 시작부분부터 잇기 시작한다) 좋다.

2.
코바늘을 뒤쪽의 첫 번째 코에 <u>**겉뜨기하듯이**</u> 넣고 왼쪽 바늘에서 벗겨낸다.

3. 코바늘을 앞쪽의 첫 번째 코에도 **겉뜨기하듯이** 넣고 왼쪽 바늘에서 벗겨낸다.

4. 3에서 왼쪽 바늘에서 벗겨낸 코를 코바늘에 걸린 코(2에서 벗겨낸 코)에서 빼낸다.

5. 뒤쪽의 다음 코에 코바늘을 **겉뜨기하듯이** 넣고 왼쪽 바늘에서 벗겨낸다.

6. 5에서 왼쪽 바늘에서 벗겨낸 코를 코바늘에 걸린 코(4에서 빼낸 코)에서 빼낸다.

7. 코바늘에 1코가 남을 때까지 3~6을 반복한다.

8. 실끝을 10cm 정도 남겨서 실을 자르고 돗바늘에 꿰어 코바늘에 남은 코를 뜨개바탕에 고정한다.

찾아보기 Index

캐스트 온 Cast On / 시작코

1코고무뜨기로 만드는 시작코
→ 이탈리안 캐스트 온

감아코로 만드는 시작코
→ 루프 캐스트 온 / 백워즈 루프 캐스트 온

노티드 캐스트 온
→ 채널 아일랜드 캐스트 온
니트 스리 펄 스리 리브 캐스트 온 ·················· 37
니트 원 펄 원 리브 캐스트 온 ························ 36
니트 투 펄 투 리브 캐스트 온 ························ 37
니트펄 캐스트 온 ··· 52
니티드 캐스트 온 ··· 50
더블 롱테일 캐스트 온 ·································· 21
더블 체인 캐스트 온 ···································· 48

떠서 만드는 시작코
→ 니티드 캐스트 온 / 펄드 캐스트 온
라이트 슬랜팅 캐스트 온
→ 백워즈 루프 캐스트 온
레이스 캐스트 온
→ 피코 체인 캐스트 온
레프트 슬랜팅 캐스트 온
→ 루프 캐스트 온
레프트핸디드 캐스트 온 ······························ 30
롱테일 캐스트 온 ··· 16
루프 캐스트 온 ·· 44

바탕실 사슬뜨기로 만드는 시작코
→ 크로셰티드 체인 캐스트 온
백워즈 루프 캐스트 온 ································· 45

별도의 사슬뜨기로 만드는 시작코
→ 크로셰티드 체인 프로비저널 캐스트 온
서큘러 캐스트 온 ··· 70

손가락에 걸어서 만드는 시작코
→ 롱테일 캐스트 온
아이코드 캐스트 온 ······································ 66
오픈 캐스트 온
→ 인비저블 캐스트 온

올드 노르위전 캐스트 온
→ 저먼 트위스티드 캐스트온
이탈리안 캐스트 온 ······································ 62
이탈리안 튜뷸러 캐스트 온 ··························· 62
인비저블 캐스트 온 ······································ 60
저먼 트위스티드 캐스트 온 ··························· 32
주디스 매직 캐스트 온 ·································· 74
채널 아일랜드 캐스트 온 ······························ 42
컴바인드 롱테일 캐스트 온 ··························· 28
케이블 캐스트 온 ··· 53
크로셰티드 체인 캐스트 온 ··························· 58
크로셰티드 체인 프로비저널 캐스트 온 ········· 59
터키시 캐스트 온 ··· 72
투컬러 롱테일 캐스트 온 ······························ 20
투컬러 브레이디드 캐스트 온 ························ 22
투컬러 이탈리안 캐스트 온 ··························· 65
투컬러 케이블 캐스트 온 ······························ 55
투컬러 프린지 캐스트 온 ······························ 39
튜뷸러 캐스트 온 ··· 64
트라이컬러 브레이디드 캐스트 온 ················· 26
트위스티드 롱테일 캐스트 온 ························ 18
트위스티드 루프 캐스트 온 ··························· 46
트위스티드 캐스트 온 ·································· 47
펄드 캐스트 온 ·· 51
펄드 케이블 캐스트 온 ································· 54
펄드 하프 히치 캐스트 온 ···························· 34
프로비저널 캐스트 온 ·································· 59
프린지 캐스트 온 ··· 38
피겨 에이트 캐스트 온 ································· 76
피코 리브 캐스트 온 ···································· 40
피코 에지 캐스트 온 ···································· 56
피코 체인 캐스트 온 ···································· 68
헤링본 캐스트 온 ··· 24

바인드 오프 Bind Off
/ 코막음·잇기

1코고무뜨기 코막음
→ 이탈리안 바인드 오프
2코고무뜨기 코막음
→ 니트 투 펄 투 리브 바인드 오프
가터 잇기
→ 키치너 스티치 온 가터 스티치
노티드 니트 투 투게더 바인드 오프 ············· 116
니트 투 투게더 바인드 오프
→ 디크리스 바인드 오프
니트 투 펄 투 리브 바인드 오프 ··············· 123
더블 스티치 바인드 오프 ······················ 113
더블 체인 바인드 오프 ························ 110
덮어씌워 잇기
→ 재패니스 스리 니들 바인드 오프
덮어씌워 코막음
→ 스탠더드 바인드 오프
디크리스 바인드 오프 ························· 86
러시안 그래프팅 ······························ 140
러시안 바인드 오프 ···························· 104
루프 바인드 오프 ······························ 129
메리야스 잇기
→ 키치너 스티치 온 스토키네트 스티치
브레이디드 리브 바인드 오프 ·················· 100
빼뜨기로 잇기
→ 스리 니들 바인드 오프
빼뜨기로 코막음
→ 크로셰 바인드 오프
서스펜디드 바인드 오프 ······················· 88
소운 바인드 오프 ······························ 118
스리 니들 바인드 오프 ························· 136
스리 니들 아이코드 바인드 오프 ·············· 138
스탠더드 바인드 오프 ························· 82
스템 스티치 바인드 오프 ······················ 119
스트레치 바인드 오프 ························· 90
스트레치 바인드 오프 포 니트 원 펄 원 리브 ····· 92
심플 투컬러 바인드 오프 ······················ 96
싱글 크로셰 바인드 오프 ······················ 87
아이슬란딕 바인드 오프 ······················ 102
아이코드 바인드 오프 ························ 114
안메리야스 잇기
→ 키치너 스티치 온 리버스 스토키네트 스티치
얀 오버 바인드 오프 ·························· 94
원 오버 투 바인드 오프 ······················· 112
위드아웃 니팅 바인드 오프 ···················· 85
이탈리안 바인드 오프 ························ 120
재패니스 스리 니들 바인드 오프 ·············· 137
크로셰 바인드 오프 ···························· 84
키치너 스티치 온 가터 스티치 ················· 134
키치너 스티치 온 리버스 스토키네트 스티치 ····· 132
키치너 스티치 온 스토키네트 스티치 ············ 130
투 로 바인드 오프 ···························· 108
튜뷸러 바인드 오프 ··························· 128
피코 에지 바인드 오프 ························ 106
피코 체인 바인드 오프 ························ 98

BOBARIAMI NO TSUKURIME & TOME HANDBOOK
ERANDE TANOSHII!
TSUKURIME 41SHU TO TOME, HAGI 34SHU
by Tomoko Nishimura
©2025 Tomoko Nishimura
All rights reserved.
Original Japanese edition published by SHOGAKUKAN,
Korean translation rights in Republic of Korea arranged with SHOGA-
KUKAN through Tuttle-Mori Agency, Inc. Tokyo and BC Agency.

이 책의 한국어판 저작권은 BC에이전시를 통해 저작권자와 독점계약을 맺은 지금이책에 있습니다. 저작권법에 의해 한국 내에서 보호를 받는 저작물이므로 무단전재와 복제를 금합니다.

촬영 / 마쓰모토 노리코
편집 / 가사이 료코(쇼가쿠칸 CODEX)

참고 문헌
Leslie Ann Bestor, *Cast On, Bind off: 54 Step-By-Step Methods*(Storey Books, 2012)
Catherine Sease, *Cast On, Bind Off: 211 Ways to Begin and End Your Knitting*(Martingale & Co Inc, 2014) ; キャサリン・シーズ, 棒針の作り目と止め211種類のバリエーション, 佐藤公美 譯, グラフィック社, 2015)

대바늘 손뜨개의 시작코 & 코막음 핸드북

초판 1쇄 발행　2025년 8월 30일
초판 2쇄 발행　2025년 11월 30일

지은이	니시무라 도모코
옮긴이	김한나
감수	김수산나

펴낸이	최정이
펴낸곳	지금이책
등록	제2015-000174호
주소	경기도 고양시 일산서구 킨텍스로 410
전화	070-8229-3755
팩스	0303-3130-3753
이메일	now_book@naver.com
블로그	blog.naver.com/now_book
인스타그램	nowbooks_pub

ISBN　979-11-88554-88-1 (13590)

* 이 책은 저작권법에 따라 보호를 받는 저작물이므로 무단전재와 무단복제를 금지하며, 이 책 내용의 전부 또는 일부를 이용하려면 반드시 저작권자와 지금이책의 서면 동의를 받아야 합니다.
* 잘못되거나 파손된 책은 구입하신 서점에서 교환해드립니다.
* 책값은 뒤표지에 있습니다.